JN119289

現代日中関係史

―切手・郵便に秘められた軌跡―

内藤 陽介

日本郵趣出版

現代日中関係史 ―切手・郵便に秘められた軌跡― 第一部 1945-1972 目次

はじめに

　このたび新たに発足する「郵便×歴史シリーズ」は、切手や郵便物に刻まれた歴史や国際関係などをじっくり読み解いていくことで、通常とは少し違った視点で歴史をとらえなおすとともに、フィラテリーの幅を広げていこうという企画です。その最初の試みとして、本年(二〇二二年)が日本と中華人民共和国との国交樹立(いわゆる国交正常化)から五十周年にあたることにちなみ、『現代日中関係史』をお届けします。

　日本切手に比べて、共産党の一党独裁体制下にある中国切手には、良くも悪くも、その時々の〝政治〟が反映されています。その中には、表向きの主題とは別の意図が隠されている切手や、当局の公式プロパガンダとは裏腹の実態が意図せず露見している切手なども少なからずあります。『現代日中関係史』は、それらを当時の歴史的な文脈や国際関係の中に位置付けていくことで、第二次大戦後の複雑極まりない日中関係史を再構成しようと考えました。

　その第一部となる本書では一九七二年の〝国交正常化〟直前までを扱い、同年の沖縄返還との関係についても切手から読み取れる情報を盛り込みました。

　なお、〝国交正常化〟以降については、来春刊行予定の第二部でじっくりと扱う予定ですが、本書とあわせて、巨大な隣国である〝中国〟について考えるための新たな材料を皆様にご提供できれば、と考えておりますので、よろしくお付き合いください。

*本書では、中国大陸を支配している中華人民共和国(北京政府)と一九四九年に台湾に遷移した中華民国(台湾)との間での〝中国〟としての正統性をめぐる対立・論争について扱っていることから、原則として、前者の略称としては〝中共〟を、後者の略称としては〝国府〟を使用しています。予めご了承ください。

第一章 〝中国〟はいかにして戦勝国になったか

リンカーンと孫文

一九三七年七月七日の盧溝橋事件に始まる〝支那事変（いわゆる日中戦争の正式名称）〟は、あくまでも正式な宣戦布告のない〝事変〟であり、正規の戦争ではないというのが建前であったが、一九四一年十二月八日（日本時間）、日本がマレー半島とハワイの真珠湾を攻撃し、米英蘭に宣戦布告して大東亜戦争（いわゆる太平洋戦争の日本側の正式名称）が勃発したことを受けて、翌九日、重慶にあった中国国民政府（以下、国府）も日本に対して宣戦布告を行った。

大東亜戦争第一周年記念
「真珠湾（ハワイ）の空中攻撃」

さらに、一九四二年一月、国府は米ワシントンで連合国共同宣言に署名し、連合国の四大国（米英中ソ）の一角として扱われることになり、ヴェトナムやタイを含む〝中国戦線〟は連合国の中国戦区とされ、蔣介石は連合国の中国戦区最高統帥部最高司令官に就任した。こうして、支那事変は世界大戦の一部として位置づけられることになった。なお、日本側の戦争の正式名称である〝大東亜戦争〟は、一九四一年十二月十二日、日本政府が「今次の対米英戦は、支那事変をも含め大東亜戦争と呼称す」としたことに由来しており、日本側も支那事変を世界大戦と連結させて考えていたことがわかる。

さて、連合国の一角に加わったことで、米英の支

アメリカ戦争情報局が制作した、第二次世界大戦中の連合国のポスター。中央のアメリカ、イギリス国旗の下に、青天白日章を配した中華民国国旗が描かれている。(United States Office of War Information)

援を得て支那事変の局面が転換することを期待していた国府だったが、大東亜戦争の緒戦において、日本軍は東南アジア・太平洋地域を予想外のスピードで席捲し、戦況は中国側の思惑通りには好転しなかった。さらに、米国は、日本だけではなく、ドイツ・イタリアとも戦っていたうえ、アジア・太平洋戦線よりも欧州戦線の方に力点を置いていたため、中国に対する支援は国府側の望んでいたほどのものとはならなかった。こうしたことから、米英に期待していた国府は次第に失望感を強め、一九四二年五月頃には、蔣介石はもはや抗日戦争を継続するのは難しいと米英にほのめかしはじめた。

これに対して、アジア・太平洋戦線に十分な兵力を振り向ける余裕がないからこそ、国府には頑張って日本と戦ってほしかった米国は、その不満に慌て、彼らをなんとしても対日戦線に留めておくため、不平等条約の撤廃などを英国に働きかけるとともに、連合諸国に対して、中国を大国として尊重するよう訴えるようになる。

こうした文脈に沿って、一九四二年七月七日に米国で発行されたのが、【図1】の切手である。

この切手は、日中戦争のきっかけとなった一九三七年七月七日の盧溝橋事件から五周年を機に発行されたもので、〝中国人民の抗日五周年〟との題名がつけられている。抗日戦争を戦う中国への支援を継続していく意志を内外に鮮明にするとともに、国府に対しては抗日戦争の継続を訴えようという米国の意図がはっきりと表現された切手である。

以下、この切手の図案について分析してみることにしよう。

【図１】中華人民の抗日五周年（米国発行）

切手全体の構図は、中央に中国地図をはさんで、左右にリンカーンと孫文を配しており、孫文の下には彼の唱えた三民主義のスローガン〝民族、民権、民生〟が、リンカーンの下には有名なゲチスバーグ演説の一節〝人民の、人民による、人民のための（政府）〟が、それぞれ入っている。また、地図上には、中華民国の国章である青天白日章が置かれ、その中には〝抗戦建国〟の文字と、抗日戦争の期間を示す〝一九三七年七月七日〟ならびに〝一九四二年七月七日〟の日付が入っている。

〝抗戦建国〟とは、一九三八年三月二十九日から四月一日まで、武漢大学礼堂で行われた中国国民党臨時全国大会で採択された方針で、「抗戦の目的は日本帝国主義の侵略に抵抗して国家民族の滅亡を回避することにあると同時に、抗戦中の工作をしっかりとこなし、建国という任務を完成させることにある」というものである。

なお、三民主義のスローガンにせよ、抗戦建国の文字にせよ、切手上では原文の漢字がそのまま採録されているが、東洋系に対する人種差別感情が強かった当時の欧米の切手では極めて異例なことである。もちろん、米国切手としても、漢字がそのまま切手上に取り上げられたのは、これが最初であった。というよりも、日本や中国を含めた〝アジア〟が米国切手の中心的な題材として取り上げられること自体、これが最初である。

次に、孫文とリンカーンの組み合わせだが、これは、孫文の三民主義がリンカーンの〝人民の、人民による、人民のための（政府）〟から着想を得たものであるとの中国側の主張に沿ったものと思われる。ただし、リンカーンが南北戦争を戦い抜くことでアメリカ合衆国の分裂を回避した英雄であったということを考えると、日本に代わる東アジアの大国となるためにも、共産党との内戦を停止し、一刻も早く安定的かつ強力な統一政府を樹立することを蔣介石に促す寓意が込められていたと解釈することも可能かもしれない。

なお、三民主義については、その文言のイメージから一般に誤解されている部分も少なくないので、若干の補足的な説明をしておく必要があるだろう。

結論からいうと、孫文の三民主義は大衆＝愚民という大前提に立っており、その点で、西欧風の普通選挙に基づく議会制度とは大いに異なっている。当然、〝人民の、人民による、人民のための政府〟に対しても、孫文は一貫して否定的な立場を取っていた。その根底にあるのは、中国の政治的伝統である〝賢人支配の善政主義（選ばれた有能なエリートが能力のない大衆を善政によって導くことによって、国家社会の幸福を実現する)〟である。

たとえば、晩年の孫文は、政府と人民との関係について、「諸葛亮(孔明/『三国志演義』の天才軍師)は能(力)を持っていたが(主)権をもたず、阿斗(劉備の子。無能な皇帝として有名)は権を持っていたが能はなかった。阿斗は能を持たなかったが、政務をすべて諸葛亮にゆだね、諸葛亮が有能であったから、西蜀で立派な政府を樹立することができた」との比喩を用いて説明している。これは「国民主権」の建前とは別に、国民を愚民視して政治参加を制限し、全権は国民党の政府にゆだねるべきとの意味にとらえることができる。

さらに、孫文の後を継いだ蔣介石の国府は、孫文の路線をさらに徹底し、自らの支配地域において一党独裁を敷いており(ただし、共産党の支配地域も一党独裁体制だったが)、一般国民の自由な政治参加の道は事実上閉ざされていた。それゆえ、大戦中、国府が首都としていた重慶では政府関係者の腐敗が蔓延しており、米国も事態を憂慮していたという事情があった。

しかし、対日戦争の勝利という目先の目標が最優先された結果、米国は国府の抱えるさまざまな問題には目をつぶり、彼らを〝民主主義陣営〟の一員として支援する道を選んだのである。切手上で、本来は全く異質なものであるはずの三民主義と、〝人民の、人民による、人民のための政府〟が同一視されているのも、そうした米国の便宜主義の表れとみなしてよい。

さらに、切手中央の中国地図では、満洲国のみならず、台湾、モンゴル、チベット、香港の各地域が、いずれも、中国領土として描かれており、中国の領土に関して国府の主張(必ずしもそのすべてが国際社

【図1】地図部分拡大

会の多数から認められていたわけではない）を全面的に承認していることがわかる。

当時の米国、ローズヴェルト（ルーズヴェルトとも）政権が考えていた戦後の東アジア政策の基本構想は、旧帝国主義勢力（＝日本）をアジアから排除し、門戸開放原則を実現して米国の経済的影響力を高めていこうとするものであった。その目玉として、同政権は、香港の主権を中国に返還させ、その上で香港を国際自由港にすることを考えていた。あわせて、米英が同時にアヘン戦争以来の不平等条約を撤廃すれば、そのインパクトはきわめて大きなものとなり、連合国の一員としての中国の継戦意欲を大いに向上させるものと期待された。

また、台湾が中国の領土であるかのように描かれているのは、日本を打倒した後、台湾は日本から中国に返還されるという連合国側の基本方針（これは、翌一九四三年十月の米・英・中のカイロ会談で正式に決定される）を先取りしたもので、これも、中国を対日戦線に留まらせる上で重要なポイントである。

切手に描かれた地図は、まさにこうした米国の中国政策を反映したものであった。

カイロ宣言

【図1】の切手が発行されてから三ヵ月後の

一九四二年十月、米英両国は不平等条約撤廃のための対中交渉を開始する。その際、米中間の話し合いが順調に進んだのに対して、英中間の話し合いは難航した。特に英中間の懸案となったのが、新界租借地（九龍半島の北側および香港島を除く、香港の中国本土部からなる広大な地域）の返還問題であった。

当時の英国は、日本軍の香港占領によって香港の支配権を失っていたにもかかわらず、最終的には対日戦争に勝利し、香港の支配を再開できると信じきっていた。そんな彼らからすれば、香港の生死を握っている新界を中国に返還するなど論外である。

一方、中国側にしても、アヘン戦争以来の不平等条約を撤廃して新条約を結んだにもかかわらず、香港の祖国復帰はおろか租借地であった新界の返還も実現できないのであれば、新条約の価値も色あせてしまうことになり、英中間では新界問題をめぐって激しい応酬があった。

香港をめぐる英中の主張が平行線をたどったまま、一九四三年十一月に行われた米英中のカイロ会談【図2】では、中国は正式に四大国の一つとされ（＝その後の国際連合創設に際して安全保障理事会常任理事国の地位が約束された）、日本によって奪われた全ての地域が中国に返還されることが約束された。蒋介

【図2】カイロ会談の様子を取り上げた台湾切手

石との二人だけの会談で、ローズヴェルトは、満洲・台湾・澎湖島に加え、旅順・大連の返還を約束した。さらに、ローズヴェルトは香港が中国に返還されることを希望し、蔣介石は返還後の香港を自由港にすることに同意した。

なお、念のために確認しておきたいのだが、領土の割譲・移転は当事国間による正式の条約締結がなければ、国際法上は無効である。この点において、このカイロ宣言や後のポツダム宣言は、あくまでも、それが発せられた時点では連合国としての戦後処理の方針を示したものでしかなく、道義的・政治的な責任はともかくとして、国際法上の拘束力は一切なく、講和条約などによって有効性が認められた形になっている。

カイロ会談の内容は、続いて開催された米英ソのテヘラン会談でスターリンの原則承認を得た。この会談で、ドイツ降伏後のソ連の対日参戦の方針が確認されたが、スターリンはその代償として極東に不凍港を獲得したいとの希望を示唆した。スターリンが要求した〝代償〟の中身をにらみつつ、英国は香港支配の復活に向けて布石を打っていく。

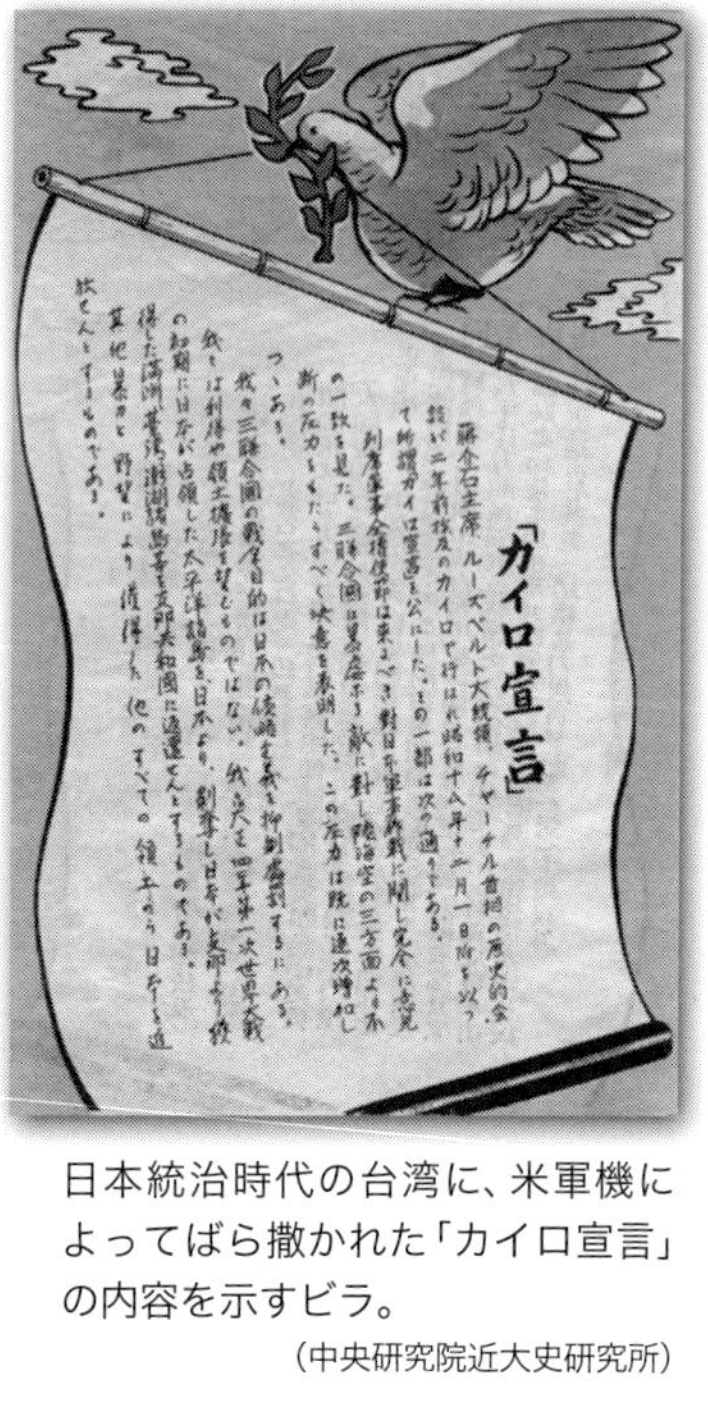

日本統治時代の台湾に、米軍機によってばら撒かれた「カイロ宣言」の内容を示すビラ。
（中央研究院近大史研究所）

【図3】の切手を見ていただこう。これは、テヘラン会談に対抗してナチス・ドイツが制作した〝謀略切手〟(ただし、切手として郵便に使うことはできない)といわれるもので、一九三七年に発行されたジョージ六世戴冠式の記念切手【図4】をもとに作られたパロディである。

【図3】英ソの野合を皮肉った、ドイツの謀略切手

【図4】図3の元になった英国の「ジョージ6世戴冠」記念切手

　ドイツ製の謀略切手では、オリジナルの王妃エリザベスの肖像がスターリンに代えられているほか、左右の上部にはダビデの星が描かれている。また、印面上部の〝POSTAGE〟の文字は〝SSSR〟（ソヴィエト社会主義共和国連邦）に、〝REVENUE〟は〝BRITANNIA〟に、印面下部の日付はテヘラン会談の日付に、それぞれ取り替えられ、王冠には共産主義のシンボルである〝槌と鎌〟が付けられている。さらに、中央に配置されたG（ジョージ6世）とE（エリザベス王妃）の飾り文字は〝SSSR〟になっており、右側には鳥に代わって星印（ソ連の国章の一部）が入れられている。

　テヘラン会談を、国王を戴く君主国の英国と共産主義国家ソ連との〝野合〟として痛烈に皮肉ったデザインといえよう。

　戦後、東欧問題をめぐって英国とソ連は激しく対立し、それが東西冷戦の序曲となっていくのだが、中国問題に関しては、英国はソ連を利用することで米国を牽制し、蒋介石をねじ伏せようとしていた。その意味では、戦後世界における英国とソ連の〝野合〟というものは、確かに存在していたのである。

　さて。不平等条約の撤廃交渉は、最終的には中国側が妥協し、香港の返還は「戦勝後にその将来について再交渉する」というかたちで問題は棚上げされて、決着した。「九龍（新界）問題だけのために、新条約がふいになり、さらには連合国の団結にひびが入ることのないよう譲歩した」というのが蒋介石の弁である。

もっとも、蒋介石が妥協に応じた背景には、日本と南京の汪兆銘政権との間で租界返還・治外法権撤廃の交渉が進められていたという事情もあった。

すなわち、戦況が次第に不利になっていく中で、日本は一九四三年一月九日、汪政権に対して米英への宣戦布告を行わせ、その代償として、租界返還・治外法権撤廃に関する協定を調印した。当然のことながら、汪政権はアヘン戦争以来の租界返還を自らの功績として大々的に宣伝し、その一環として記念切手も発行する【図5】。

【図5】汪政権の発行した租界回収の“記念切手”

汪政権は日本の強い影響下で南京に樹立された親日派政権で、多くの中国人は〝日本の傀儡政権〟と認識していた。それでも、汪政権の支配地域で米英の租界が消滅したことは紛れもない事実であった。「一般の人々はニセ条約が児戯に類するものであることをはっきりと知っているとはいえ、中米新条約がそれより遅れて発表されたのでは、色あせたものになることを免れない」と蒋介石が嘆いたのも当然であろう。

こうして、一九四三年一月十一日（汪政権への租界返還の二日後)、米英両国は「在中国治外法権および特殊権益の解消に関する条約」に調印。アヘン戦争以来の不平等条約体制はとりあえず解消された【図6】。しかし、中国は不平等条約撤廃交渉のなかで新界租借地の問題を解決できず、香港返還のチャンスは遠のいた。

そして、〝大国〟としての地位が保証されるはずの新条約でも新界租借地が温存されたことは、かえって中国の無力を際立たせる結果となったのである。

【図6】国府が発行した不平等条約撤廃の記念切手

こうした背景があったから、蔣介石は米国との関係を優先し、英国とは距離を置いていた。不平等条約の撤廃を記念して発行された【図6】の切手が、とりあえず米英中の三国の国旗を並べていながら、米国の自由の女神に対応する英国のシンボルを何も取り上げていないのも、そうした蔣介石政権の姿勢が反映されたものとみてよい。

ヤルタ密約とポツダム宣言

一九四四年七月、サイパンの日本軍守備隊が玉砕し、米軍の日本本土への直接空爆が可能になると、連合国において国府の戦略的な重要性は大いに低下し、戦後処理に関する重要な決定の場から国府は徐々に外されていくことになる。

一九四五年二月、米英ソ三国首脳がクリミア半島のヤルタで会談【図7】。この会談では、表向き、ドイツ降伏後の戦後処理問題と国際連合の創設が決定されたが、その裏では、米ソの間で秘密協定が結ばれ、ドイツ降伏後二～三ヵ月後にソ連が対日参戦す

る代わりに、ソ連に対しては千島・樺太の領有、不凍港としての大連の優先的使用権と海軍基地としての旅順の租借権などが認められている。

その際、英ソは香港問題と大連問題をリンクさせ、米国を揺さぶりにかかった。

すなわち、ローズヴェルトは「中国人に代わって発言することはできない」としながらも、基本的にはスターリンの要求を受け入れる姿勢を示し、香港との関係から「国際委員会のある形態の下で大連を自由港とする」ことが望ましいと応じている。

【図7】ヤルタ会談75年を記念したロシア切手

しかし、たとえ大連を自由港にするにしても、そこにソ連の権益を認めることは、極東から帝国主義勢力を一掃するというローズヴェルトの構想と矛盾するものであった。

この秘密協定を決めた会談に参加できなかったチャーチルだが、秘密協定については迷うことなくこれを支持し、香港維持を主張する際の根拠としてこれを最大限に活用する。

結局、一九四五年四月にローズヴェルトが任期半ばで亡くなると、後任のトルーマンは香港問題には関心を示さず、問題の解決を当事者である英中両国に委ねた。こうして、国府は香港返還論の後ろ盾を失い、戦後の香港における英国支配の再開が確定していく。

ところで、ヤルタ会談の時点では、米国は、最終的に日本の敗戦は間違いないものの、その時期は早くとも一九四六年以降にずれ込むものと考えており、来たるべき日本本土への上陸作戦では多大な犠牲が生じるものと予想していた。それゆえ、米国としては、自国の損害を最小限に抑え、日本をできるだけ早く降伏させるためにも、ソ連の対日参戦は必要不可欠なことと考えていた。

東ドイツの「ポツダム会談25年」記念切手。米英ソの首脳が、第二次大戦の戦後処理を話し合う写真をもとにデザイン。

ヤルタでの密約を受けて、四月五日、ソ連は日ソ中立条約の不延長を日本に通告。さらに、五月九日にドイツが降伏してヨーロッパでの戦争が終ると、部隊をシベリアに向けて移動させ始めた。

ドイツ降伏後の戦後処理を話し合うため、七月十七日から八月二日まで、米英ソの三国首脳はベルリン郊外のポツダムで会談。その際、ソ連の対日参戦予定日は八月十五日であることが各国首脳の間で確認される。

ところが、ポツダム会談の始まる前日の七月十六日、米国はプルトニウムを原料とする最初の原子爆弾（以下、原爆）を完成させ、人類初の核実験を成功させる。原爆という切り札を得た米国は、もはや、ソ連が参戦しなくとも日本を降伏させられることを確信。対日戦争に参戦したソ連が、戦後の東北アジアに勢力を扶植するのを阻止するため、ソ連の参戦予定日である八月十五日以前に日本を降伏させ、唯一の核保有国という立場とあわせて、この地域の覇権を確保しようとした。そのためには、原爆の投下によって日本を降伏させるということが至上命題となる。

　こうした中で、会談中の七月二十六日、日本に対して無条件降伏を求めるポツダム宣言が発せられた。会議には参加しなかった（できなかった）蔣介石には電報で草案が伝えられ、蔣介石は「自分は国家元首だから、（元首でない）チャーチルより前に自分の名前が置かれるべきである」との一点のみ修正を要求し、それ以外は米英の最終草案を承認している。

アメリカで発行予定だった「原爆切手」（第２次世界大戦シリーズ）の報道資料。下部に「原爆が戦争終結を早めた」の文章が入り、原爆のキノコ雲がデザインされていたが、日本の抗議により別のデザインに変更された。

　同宣言では、天皇（の地位）の扱いが不明確であるとして、日本政府はこれを黙殺した。しかし、それこそ米国の思う壺で、ポツダム宣言の受諾を拒絶されたという大義名分の下、八月六日、米軍機エノラ・ゲイが広島に原爆を投下した。その上で、翌七日、米大統領トルーマンは原爆の使用を明らかにし、日本に対して即時降伏を求める声明を発表する。

　原爆の威力により、日本の降伏が時間の問題となったことを悟ったソ連は、当初の予定を一週間ほど繰り上げ、八月八日、日本に対して宣戦を布告。翌九日未明から、満洲と樺太で攻撃を開始した。原爆の投下は、ソ連参戦以前に日本を降伏させるどころか、かえって、ソ連の参戦を早める結果となった。

　慌てた米国は、八月九日、長崎に二発目の原爆を投下する。ソ連が参戦してしまった以上、戦後の東北アジアでの発言力を確保するためには、一刻も早く日本を降伏させなければならなかったからである。

　さて、八月九日、一五八万という大兵力で満洲国への侵入を開始したソ連軍は、南方へ兵力を引き抜かれて弱体化していた関東軍を蹴散らし、一日百キロの急進撃で東支鉄道に沿ったハイラル・大興安嶺の要塞地帯を攻撃・突破していった。このため、関東軍総司令部は満洲国の首都であった新京から南満洲の通化に撤退。満洲国政府もこれに続き、関東軍の確保地域とされた図們・新京・大連の維持に軍事力が集中された。しかし、八月十四日、関東軍は翌日正午の〝重大放送（いわゆる終戦の玉音放送）〟を聴取するため新京に復帰。また、皇帝・溥儀は関東軍の手引きで奉天飛行場から日本に亡命しようとしたものの、ソ連軍航空隊によって逮捕され、捕虜となった。

満洲国の湾岸警備がおかれていた旅順口区を占領したソ連軍。
（RIA Novosti archive）

こうして、ソ連の参戦からわずか十日間ほどで満洲国は崩壊し【図8／次ページ】、中国領であったはずの満洲はソ連の占領下に置かれた。

八月十四日、ソ連は国府との間に、①対日戦遂行に関する相互援助（降伏文書の調印によって戦闘が正式に停止となるのは九月二日のことで、この時点では戦闘は継続している）、②単独不休戦・不講和、③日本の再侵略を防止するためのあらゆる措置の共同での行使、④相互の主権と領土保全の尊重などを規定した、中ソ友好同盟条約を調印（同二十四日から発効）した。さ

1946年8月10日、東京裁判での証言のため、ソ連軍将校と共に厚木に降り立ったハバロフスクの強制収容所に抑留中の溥儀。
（朝日新聞社提供）

らに条約本文とあわせて、中ソ両国は、ソヴィエト政府が中華民国に対する援助を(すべて中華民国の中央政府たる国府に)与えることを誓約した交換公文、長春鉄道に関する協定、旅順口に関する協定、東三省(=旧満洲)に関する協定を調印し、ソ連はいわゆるヤルタ協定の密約を国府に認めさせることに成功した。

ちなみに、国府の代表が参加していなかったヤルタ協定では、米英ソ三国の間で、中ソ関係に関しては、①外蒙古の現状維持=モンゴルの独立承認、②大連港の国際化とソ連の海軍基地としての旅順口の租借権回復、③中ソ合同会社の設立による東支鉄道と南満洲鉄道の共同運営、④満洲における国府の完全な主権の保持とソ連の優先的利益の擁護、が決められていた。

【図8】満洲国の崩壊により不発行となった、飛行機購入付加金付き切手

ところで、中ソ友好同盟条約の締結交渉の際、ソ連は日本降伏後三週間以内に東三省から撤兵を開始し、三ヵ月以内に撤退を完了するとのスターリン声明を出していた。具体的には、一九四五年十一月十四日までに南部満洲、同二十日までに中部満洲、そして、十二月三日までには全満洲から撤退するというスケジュールである。しかし、実際にはソ連軍はさまざまな口実を設けて、一九四六年四月まで満洲に居座り続けた。この間、多くの日本人男性が名目をつけて連行され、シベリアでの強制労働に従事させられたことは周知のとおりである。

戦勝記念切手

一九四五年八月十五日、昭和天皇がポツダム宣言を受諾して連合国を降伏することを玉音放送で発表。

【図9】降伏文書調印日当日のミズーリ号の艦内郵便局で使用された記念印。右の写真は、まさに甲板の舳先で行われた調印式の様子。(National Archives,USA)

九月二日、東京湾に停泊していた米戦艦ミズーリ号上で降伏文書の調印が行われ【図9】、国府からは軍令部長の徐永昌（じょえいしょう）が出席して署名した。

なお、連合諸国の大半は、降伏文書の調印が行われた九月二日を対日戦勝記念日としているが、中国は、調印翌日の一九四五年九月三日、同日より三日間を戦争勝利記念の休暇としたためことから、九月三日が戦勝記念日とされ、現在でも、台湾・大陸共にこの日付が記念日とされている。

休暇が明けた後の九月九日には南京で日本軍の降伏受理式典が行われたが【図10】、上海など一部の地域では、内陸の重慶から武装解除の

【図10】台湾が発行した"七七抗戦五十周年"の記念切手のうち、南京での日本軍の降伏受理の場面を描いた1枚。

ための兵員の派遣が間にあわないため、米軍が日本軍の降伏を受け入れ、旧日本軍の武装解除や収容所の解放を担当することもあった。その際、収容所から解放された元収容者のため、郵便物に料金無料を示す〝free〟の文字の入った印を押して、無料郵便

【図11】終戦直後、米軍の下で解放された上海の収容所で、元収容者のために提供された無料郵便のカバー。赤色の印が押されている。

【図12】国府が発行した"慶祝勝利"の記念切手

【図11】も提供された。この無料郵便に用いられた印には紫色と赤色があるが、現存するものの大半は紫色で、ここに示すような赤色のものは少ない。これは、紫色が一般の戦勝国民用の郵便物に使われたのに対して、赤色のものは〝無国籍避難民〟、すなわち、事実上、ユダヤ系の人々の郵便物に使われたため、利用者数が大きく異なっていることによるといわれている。

国府としての戦勝記念切手【図12】は、一九四五年十月十日の双十節（辛亥革命の発端となった武昌起義の記念日）に発行された。図案は青天白日満地紅旗（中華民国の国旗）と蒋介石の肖像で、重慶の中央印刷廠が製造した。

戦争終結に際して、蒋介石は国民に対してラジオで「以徳報怨」（徳を以って怨みを報ず）と演説して、中国人に日本人への復讐をしないよう戒めた。

その本意は、中国大陸から日本軍を排除する一方で、必要に応じて日本の軍人や技術者を国府のために活用したいということである。このため、彼は、日本による侵略戦争は一部の軍国主義者の責任であり、日本の一般民衆には罪はなかったという「軍民二元論」を主張した。

慶祝勝利の記念切手も、そうした文脈から、あくまでも国府と蔣介石を讃えるという内容になっていて、日本を想起させる要素は何もない。

これに対して、中国共産党（以下、中共）支配下の解放区では、国府の中華郵政とは別の郵政機関があり、独自の切手も発行されていたが、なかでも〝晋察冀辺区（現在の山西省、河北省、遼寧省、内モンゴル自治区にまたがる地域に設置）〟と〝山東区〟では、一九四五年十二月に抗日戦争の勝利を祝う記念切手が発行されている。

これらの切手が発行された時点では、国共合作は依然として有効というのが建前だったから、どちらの切手も青天白日満地紅旗を掲げており、晋察冀辺区の切手【図13】では同旗の下で日本軍を打倒する八路軍の騎馬兵が描かれている。一方、山東区の切手【図14】で、同旗の下、人民を勝利に導く毛沢東が描かれているが、勝利の日付としては、日本のポツダム宣言受諾（八月十二日）が現地に伝えられた八月十三日になっているのが興味深い。

【図13】晋察冀辺区で発行された"抗戦勝利"の記念切手

【図14】山東区で発行された"抗日民族戦争勝利"の記念切手

中共解放区の切手は、いずれも、中共の活躍によって抗日戦争の勝利が導かれたという彼らの認識を表現したもので、この認識は現在の中華人民共和国にもそのまま継承されている。

台湾の接収

一方、台湾に関しては、九月一日、台湾省行政長官兼台湾省警備総司令となった陳儀（ちんぎ）が、国府による台湾接収後は「国父（孫文）の遺訓に従って徹底的に三民主義を実施し、安楽な生活を享受させる」との施政方針を発表した。また、国府の先遣隊は〝親愛なる台湾同胞〟に対して「台湾は光復した。祖国に復帰した。これからは二等国民ではなく一等国民である」と宣伝して歩いていた。

ただし、日本軍の降伏受理が正式に行われたのは十月二十五日のことで、八月十五日からそれまでの期間は、日本の台湾総督府がそのまま台湾統治の実務を担当していた。

郵便もまた例外ではなく、八月十六日以降も台湾では日本時代の切手は販売が続けられ、そのまま有効であったし、消印も日本時代のものがそのまま使われていた。

ただし、当然のことながら、日本本土から、新規に切手が配給されることはなくなっていたため、九月に入ると、各地で一部の切手の在庫が底をつき始める。

これに対して、当初、台湾総督府は在庫切れの切手の代わりに暫定的に「郵資已付（郵便料金納付済の意）」のゴム印を押して対応していた。ところが、これらのゴム印は容易に偽造が可能であるうえ、耐久性に乏しく、すぐに傷んで変形してしまうなどの不具合が多かった。

そこで、台湾総督府側は、終戦前に用意しながら発行されないままになっていた台湾製の〃数字切手〃のうち、三銭ならびに五銭の切手を十月二十一日から、十銭の切手を十月三十一日から、それぞれ台北郵便局で発売した【図15】。さらに、新竹、台中、台南、南投、大渓、斗六、新化、佳里、竹東などでも、あいついで数字切手が発売されている。

【図15】日本統治時代の最末期に発行された台湾数字切手

　十銭切手が発行される一週間前の十月二十四日には陳儀が台湾に上陸し、翌二十五日には台北公会堂（後の台北中山公会堂）で台湾受降式典が行われ、陳儀は蒋介石の代理として、台湾総督兼日本軍第十方面軍司令官・安藤利吉の投降を受理した。そして、台湾と澎湖諸島の中華民国領編入を宣言し（ただし、この時点では、台湾の帰属変更に関する正規の条約が調印・批准されているわけではないので、国際法的には、この宣言をもって台湾が正式な中華民国領となったとはいえない）、これを受けて、国府による台湾統治のための機関として台湾行政長官公署が発足する。

　ところが、国府側による郵政接収はスムースには進まず、その後も住民に対する郵便サービスの提供はしばらく日本側が担当せざるを得ないのが実情であった。十月三十一日になってから、日本統治時代につくられた数字切手が発行されたのは、そうした事情を何よりも如実に物語っている。

　結局、国府側による郵便の接収は十一月三日にまでずれ込んだ。そして、この日をもって数字切手を含む日本時代の切手は無効となり、台湾における日本郵便の歴史はようやく幕を閉じることになった。

一九四五年十一月四日付で日本から台湾の郵政業務を接収した国府は、日本時代の数字切手に「中華民國　臺灣省」の文字を加刷した切手(左)を発行した。

ちなみに、新たに発足した台湾行政長官公署が台湾で流通させた新通貨・台幣は日本円との交換レートが一対一となっており、大陸とは全く別の通貨体系となっていた。したがって、後に大陸と台湾では同じデザインの切手が発行されるようになっても、対応する通貨が異なっているため、中国本土と台湾で使われている切手は本質的に別物でしかなかった。言い換えるなら、切手の面では、台湾は決して(国府のいう)〝祖国〟に復帰したわけではなかったのである。なお、国府による接収時の台湾の郵便料金は、一九四六年五月三十一日までは日本統治時代と同じく封書が十銭、葉書が五銭であった。

【図16】は、そうした状況の中で一九四六年二月、高雄市の橋仔頭から〝日本兵〟として出征し、終戦後も戦地に残されていた人物に宛てて差し出された封書である。

この封書で特にご注目いただきたいのは、宛名に改名(日本名)と旧名(台湾名)が併記されている点である。

第二次大戦中の台湾では、字を日本風に改める改姓名運動が行われた。このカバーの名宛人もそれに従って日本名〝吉川秀雄〟を名乗り、日本兵として出征したのだろう。ところが、終戦後、台湾が日本の植民地支配から解放されると、〝吉川秀雄〟は再び旧名の〝戴晩〟に戻ることになる。とはいえ、この封書が差し出された時点では、戴晩は復員してきておらず、現実に彼の周囲にいる人々は彼を〝吉川秀雄〟としてしか認識していない。このため、差出人は、手紙が確実に届くように、日本名と台湾名を併記したのだ。

なお、当時の郵便の規則では、旧外地・戦地で復員を待っている将兵宛の郵便物は葉書に限って認められており、封書の差出は認められていなかった。このため、この封書も規則違反として差出人に返送されているが、その過程で、新たに台湾の支配者となった台湾行政長官公署（台湾人からは〝新総督府〟と呼ばれていた）によって検閲を受けている。

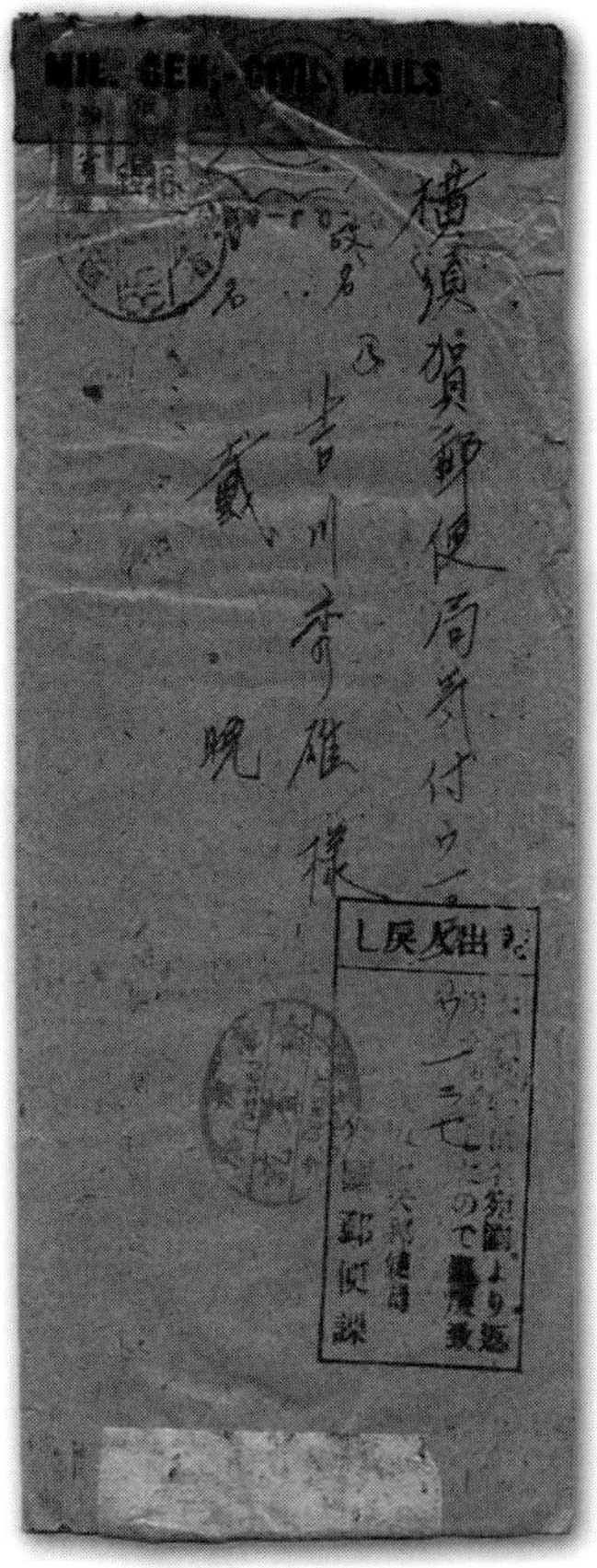

【図16】戦後間もない一九四六年、台湾出身の旧日本兵宛の封書

ところで、蔣介石をはじめ、国府の関係者は新たに接収することになった台湾の本省人を基本的に信用していなかった。

もともと、日本統治以前から台湾と大陸の間にはさまざまな文化的相違があったが、半世紀にも及ぶ日本の植民地支配によって本省人の生活は急速に日本化し、両者のギャップは一層拡大した。さらに、この封書に見られるように、現実の必要から彼らが日本名を使ったりすることも、大陸系中国人が本省人に対して持っていた〝違和感〟を増幅する結果をもたらすことになる。

第二章

国共内戦と占領日本

国共内戦と満洲国の遺産

大戦末期の一九四五年四月二十三日から六月十一日にかけて、延安の楊家嶺中央大講堂で〝中国共産党第七次全国代表大会(以下、七代大会)〟が開催された【図1】。

大会に出席した正式代表は五四七人、候補代表は二〇八人で、全国一二一万の党員を代表していたとされている。

【図1】中共七代大会の開催を記念して、山東解放区で発行された切手

大会の主要な議事日程は、毛沢東による政治報告(『聯合政府論』)、劉少奇による党規約の改正報告、朱徳による軍事報告(『解放区の戦場を論ずる』)、周恩来による報告(『統一戦線を論ずる』)、任弼時による党の歴史問題に関する報告、新しい党規約の制定、新しい中央委員会の選挙で、『人民中国』の日本語版によると、この大会は「毛沢東思想の全党における指導的地位を確立し、歴史の経験を総括して新民主主義の新中国を作り上げるために、正しい路線、方針、政策を制定して、思想的、政治的、組織的に、全党をかつてないほど団結させた。」と説明されている。いささか迂遠な紹介だが、大会の最大の眼目は、抗日戦争の終結後の対応を協議することになった。

その際、毛沢東は「もし、我々が全ての根拠地を失っても、東北(=旧満洲)さえ確保できれば、それで中国革命の基礎を築くことができる」と発言しており、日本の降伏により満洲国が解体されたら、国

新京(長春)の大同広場から見た満洲中央銀行の絵葉書

府よりも前に中共が東北に進駐して、〝解放区〟を拡大する方針が固められている。

一九四五年八月九日、日ソ中立条約を破棄して満洲への侵攻を開始したソ連が、かの地で略奪の限りを尽くし、新京の満洲中央銀行の金庫から、旧満洲国の紙幣である満銀券約七億円(一九四五年八月の時点での通貨発行高は八十一億五七五〇万円)、有価証券七十五億円、金塊三十六キロ、白金三十一キロ、銀塊六十六キロ、ダイヤモンド計三七〇五カラットが持ち出されたのをはじめ、各地の金融機関では、現金・有価証券・貴金属類が根こそぎ〝没収〟されたほか、日本人の民家に押し入り金品を強奪する事件(時計と万年筆は例外なく没収されたといわれている)が横行した。

ソ連占領当局は、本国へと持ち去ることのできない土地に関しては貧農・小作人に分配することもあったが、略奪の可能な鉱工業の機械設備類に関しては膨大な〝戦利品〟がソ連に持ち出された。一九四六年六月、日本から中国への現物賠償を行うための調査のために派遣されたアメリカのポーレー委員会によると、全満洲でのソ連軍の撤去または破壊による工業別の被害は、電力:71%、炭鉱:90%、鉄鋼:50%以上、鉄道:80%、機械:75%、液体燃料:50%、化学:50%、洋炭:50%、非鉄金属:75%、繊維:75%、パルプ:30%、電信電話:20%以上、であり、被害総額は一ドル＝四円二十銭のレートで計算して八億九三五〇万ドルにも達したという。

毛沢東もこうしたソ連の略奪を座視していたわけでなく、ソ連軍の満洲侵攻翌日の八月十日には、すぐさま東北の占領を各地の中共軍に指令している。

実際、日本降伏時、長江上流の内陸の地、重慶を拠点としていた国府に対して、華北の地にも抗日根拠地という名の〝解放区〟を設けていた中共には、東北の接収という点に関して圧倒的に地の利があった。また、ソ連占領軍も、中共軍の東北進駐に対しては（国府と結んだ中ソ友好同盟条約の規定を無視して）非常に寛容であった。

このため、一九四五年十一月三日、東北接収のために国府軍第五十二軍の輸送船団が遼寧省南部の営口沖に到着したとき、中共側はすでに営口を占領していたばかりでなく、遼寧省を中心とする地域に約三十万人、吉林省及び黒龍江省を中心とする地域に約十五万人の部隊を集結させていた。このため、国府軍は十一月十六日に山海関を占領。そこから、葫蘆島、錦州、古北口、朝陽へと前進した。これに対して、中共側も営口、安東、洮南、吉林をはじめ南満洲一帯に進駐するなど、東北接収をめぐる国境両軍のつばぜり合いは激しさを増していった。

ところが、東西冷戦が進行していく中で、中共の東北進駐が米英との摩擦を増大させ、軍事衝突の危機さえ招きかねないことを危惧したソ連は、しだいに中共と距離を置き、国府と妥協して、東北の経済権益を国府との共同経営にゆだねることを模索するようになる。

一九四五年十一月十九日、ソ連軍が中共軍の林彪らに通知して、長春（満洲国の崩壊に伴い、新京から旧称に復す）の鉄道沿線と長春市内を国府軍に譲り、一時鉄道沿線から地方へと撤退したのは、その典型的な事例である。さらに、一九四五年十一月以降、米国も国府に対する軍事支援を強めつつも、国府と中共との調停工作に乗り出した。

この結果、一九四六年一月十日、国共両軍は一時的に停戦にこぎつけたが、二月上旬には早くも両軍の戦闘が再開される。そして、三月十日にソ連軍が瀋陽（しんよう）を撤退し、四月十四日に旅大（りょだい）地区を除く全東北から撤退すると、東北を舞台に国共内戦が本格化していく。

切手に残る満洲国の痕跡

こうして、本格的な内戦に突入した東北部は、以後、国府の支配地域と中共の支配地域（いわゆる〝解放区〟）に分裂し、それに伴い、両者の支配地域では、それぞれ異なった切手が用いられることになった。

このうち、国府の郵政機関である中華郵政は、ソ連軍が駐留していた一九四六年二月、接収後の東北地区で使用する切手として、日中戦争時、日本軍の占領下にあった北京の北京新民印書館で製造された切手（〝新民版〟と呼ばれる）に〝限東北貼用〟の表示と、この地域で流通していた満洲中央銀行券に対応した額面を加刷した切手の使用を開始する。

このような加刷が施されたのは、当時の東北では、依然として満洲国時代の紙幣である満洲中央銀行券（満洲国幣ともいう）が最も信用のある通貨として流通しており、なおかつ、満洲中央銀行券と中華民国幣（法幣）との間に大きな為替差（一九四六年二月の段階で満洲中央銀行券一円が法幣十三円に相当）があったため、額面が中華民国幣で表示された中国本土の切手を、そのまま持ちこめなかったという事情による。

ちなみに、満洲中央銀行券は、一九四七年に国民政府の中央銀行が発行した東北流通券に交換されて流通停止となるまで使用が継続された。

中華郵政としては、当初は、日本占領時代を想起させる新民版の切手ではなく、香港で製造された切手に加刷する予定だったのだが、期日までに香港製の切手が到着しなかったため、暫定的に新民版の切手に必要事項を加刷して発売したというのが実情のようだ。なお、香港製の切手に〝限東北貼用〟と加刷した切手は、新民版に加刷した切手から遅れること一月、一九四六年三月から使用されているが、その後も、切手そのものの絶対的な配給量が不足していることもあって、新民版に加刷した切手は有効であった。

【図2】は、そのうち、新民版に〝限東北貼用〟と加刷した切手が貼られた郵便物で、一九四七年八月、瀋陽管内の野戦郵便局から四川省宛に差し出されたものである。なお、表面には八円切手が一枚貼られているだけだが、裏面には合計三円分の切手が貼られている。また、消印に表示されている〝軍郵〟の文字が、国共内戦下にあったこの時期の緊迫した状況を生々しく伝えてくれる。

中華郵政が配給する切手と併行して、国府支配下の各地では、満洲国時代の切手を接収し、郵便局ごとに〝中華民国〟の文字などを加刷して暫定的に使用することも行われた。

【図3】は、その実例で、一九四六年三月二十五日、哈爾浜(ハルビン)道裡(どうり)郵便局から差し出された書留便である。差出人の住所氏名を表すスタンプがロシア語表示となっているのは、白系ロシア人が多く住んでいた哈爾浜ならではの特徴であろう。

カバーに押されている消印は、日付の表示こそ、年号を中華民国表示の三十五年として、満洲国時代の〝年.月.日.〟の順から〝日.月.年〟の順に変更され

【図3】満洲国崩壊後、旧満洲国の切手に暫定的に“中華民國”と加刷して使われた切手のカバー

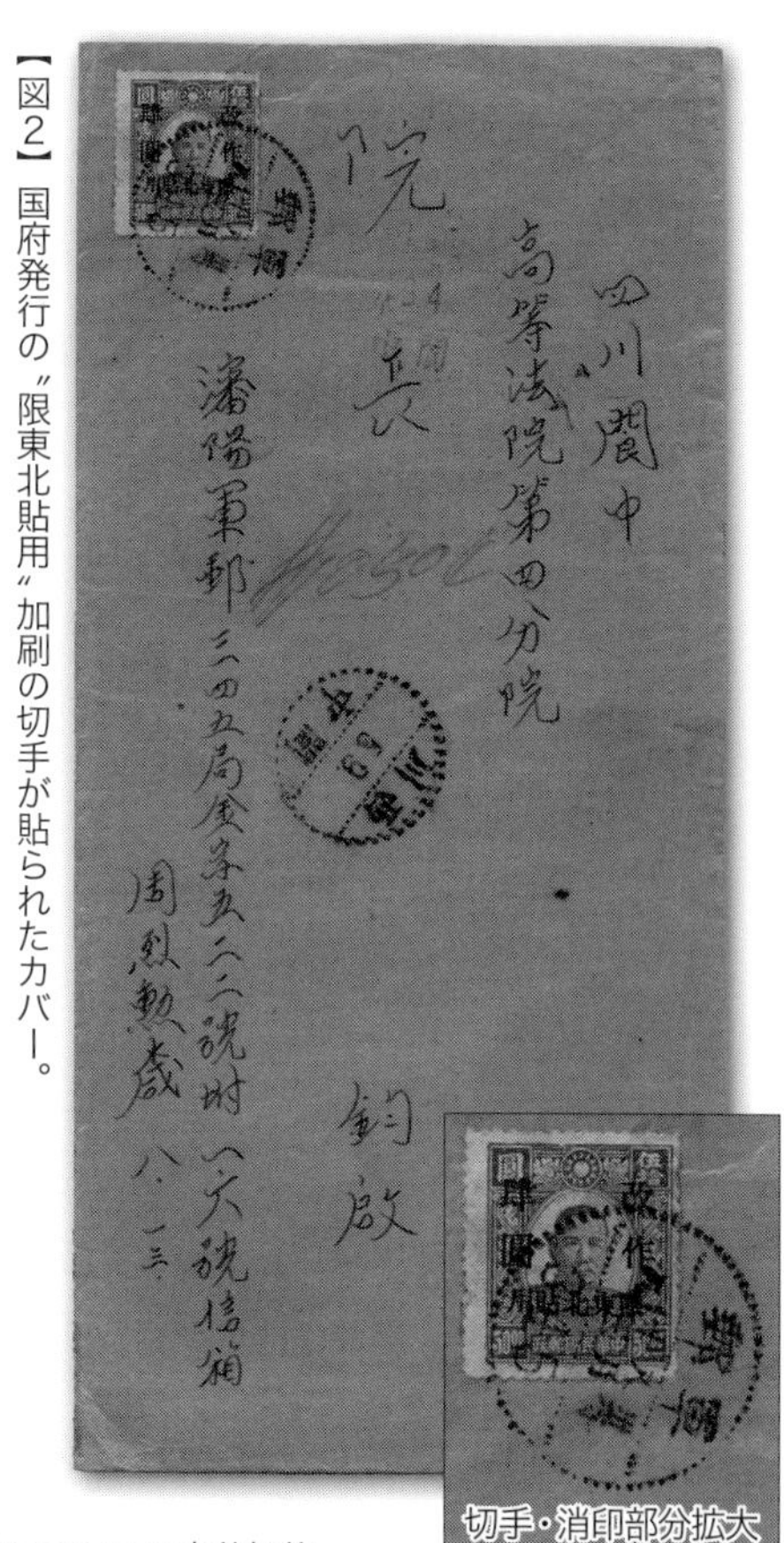

【図2】国府発行の〝限東北貼用〟加刷の切手が貼られたカバー。

【図4】斉斉哈爾(チチハル)の中共解放区で発行された“八一五”記念の切手

ているものの、それ以外の形式に関しては、満洲国が日本に倣って採用したものがそのまま使われており、東北の戦後が満洲国の遺産を継承することから始まったことが良くわかる。

一方、中共支配下の各地の解放区でもそれぞれ独自の切手が発行・使用されていたが【図4】、一九四六年十月一日、解放区全体の郵政を統括する機関として哈爾浜に東北郵電管理総局が成立。東北解放区共通のデザインの切手として、十一月二十二日には毛沢東の肖像を描く切手が発行された。以後、東北解放区では、一九四九年まで、毛沢東の通常切手が内戦下のインフレに対応した新たな額面を加えながら、発行・使用されていく。

【図5】はその一例で、内戦末期の一九四九年六月十五日、中共支配下の安東から北平（現・北京）宛に差し出されたカバーで、〝東北郵電管理総局〟の銘が入った毛沢東の切手（一九四八年八月発行の千円切手一枚と一九四九年三月発行の千五百円切手二枚）が貼られている。宛先の北平には、既に一九四九年一月に中国人民解放軍（中国共産党の指導する一切の軍隊を一九四七年三月に改称）が入場しており、中華人民共和国の成立により、北平が北京の旧称にもどる日は間近に迫っていたが、この時点でも、東北では満洲国時代の消印の印顆が使われているのが目を引く。

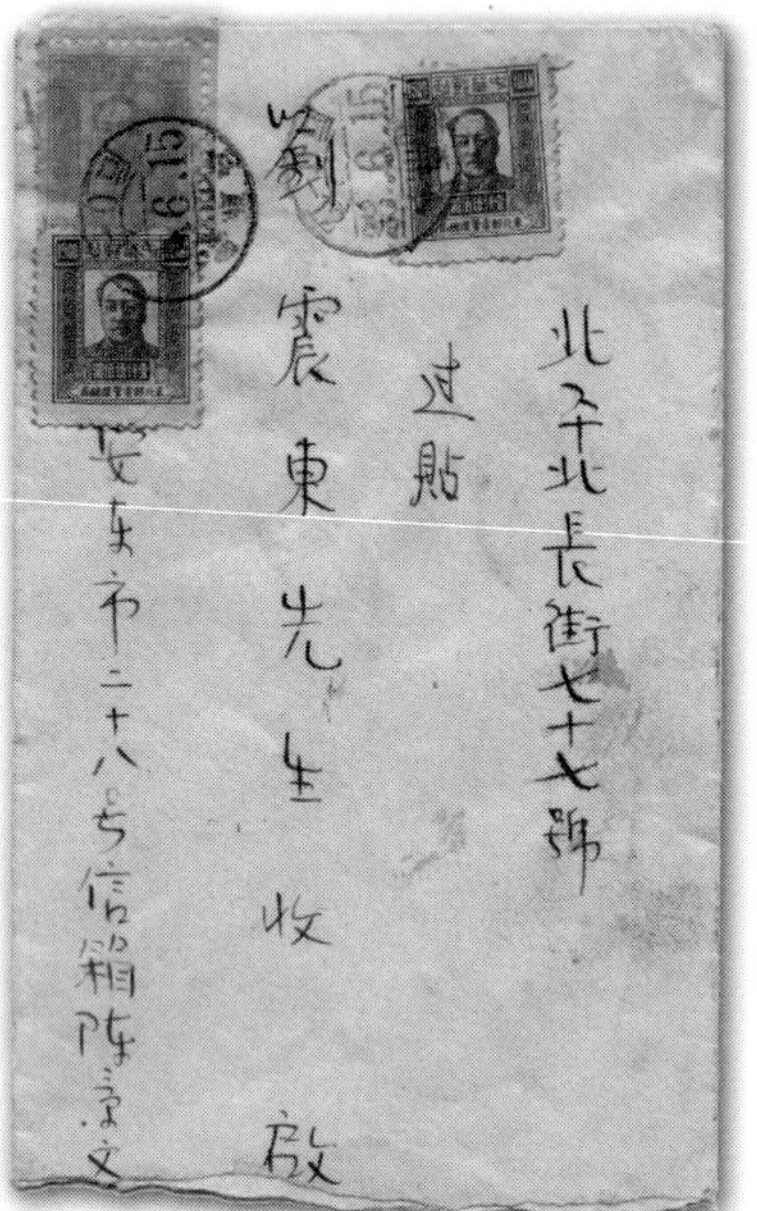

【図5】共産党支配下の安東から毛沢東の切手を貼って差し出されたカバー

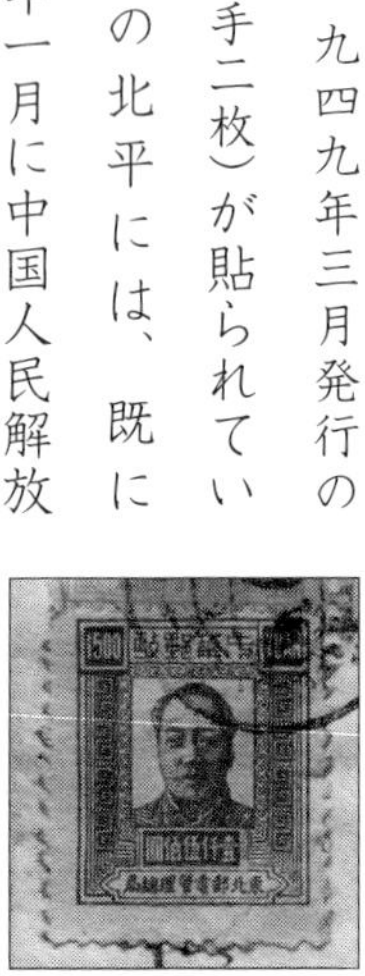

▲1,500円切手部分

指桑罵槐（しそうばかい）

ところで、中国の政治プロパガンダを理解するうえで〝指桑罵槐〟という発想を抑えておくことは不可欠である。

指桑罵槐は孫氏の『三十六計』に登場する計略の一つで、直訳すると「桑（くわ）の木を指して、槐（えんじゅ）の木を罵（ののし）る」

の意味だが、「一見、ある人を非難しているように見えるが、実際は、それにかこつけて、遠回しに別の相手を非難すること」を意味する。

第二次大戦後の中華世界では、国府であれ中共であれ、「日本（軍国主義）に勝った」ことが自らの正統性の根拠になっているため、〝日本（軍国主義）〟は悪というのが議論の前提になる。そこで、誰もが反対できない〝日本（軍国主義）〟への批難という形式をとって、別の政敵を攻撃するという指桑罵槐のプロパガンダがしばしば用いられることになる。

国共内戦期の東北郵電管理総局が発行した切手のいくつかは、満洲国や日本（軍国主義）を取り上げた指桑罵槐の典型的な事例としてわかりやすい。

たとえば、一九四六年十二月に発行された〝双十二節（いわゆる西安事件の中国側の呼称）〟の記念切手【図6】を見てみよう。

満洲事変の後、蔣介石は、〝安内攘外〟（まず国内の敵を一掃し、しかる後に外国の侵略を防ぐ）を掲げて、満洲問題で日本と武力で戦うよりも、国内での共産党討伐を優先させていた。この結果、国府軍に包囲され窮地に陥った共産党側は、それまでの根拠地であった瑞金を放棄して長征を開始。その途中、一九三五年一月に貴州省・遵義で開催された党中央政治局拡大会議（遵義会議）で党内の指導権を確立した毛沢東は、同年八月一日、「抗日救国のために全国同胞に告げる書（八・一宣言）」を発し、内戦の停止と抗日民族統一戦線の樹立を呼びかけた。

【図6】東北郵電管理総局が西安事件10周年を記念して発行した切手記念の切手

国際共産主義運動の司令部であるコミンテルンは、

一九三五年七月二十五日から第七回大会を開催し、欧州ではドイツとポーランド、アジアでは日本を打倒することを目標とし、さまざまな左派勢力を糾合した人民戦線を結成する旨を決議しており、コミンテルン中国支部としての中共はその方針に従って、「八・一宣言」を発したのである。

　内戦の停止を呼びかける共産党の「八・一宣言」は、中国国内の世論に大きな影響を与え、これに共鳴した張学良（ちょうがくりょう）（父親の張作霖（ちょうさくりん）を関東軍に殺された彼は、満洲国の建国によって故地・東北を追われ、当時は蒋介石の下で西北剿匪（そうひ）副司令として共産党討伐にあたっていた）は、一九三六年十二月十二日、西安滞在中の蒋介石を軟禁して説得し、内戦の停止と抗日統一を約束させた。これが、中国語で〝双十二節〟と呼ばれる西安事件のあらましである。

　事件後の翌一九三七年七月、支那事変が勃発すると、中国では抗日民族統一戦線が正式に樹立される。その結果、西安事件は、蒋介石にとっては屈辱的な事件であったが、その反面、国府軍の攻撃で崩壊寸前の危機にあった中共にとっては、抗日戦争という文脈においてみずからの基盤を確立させるうえでの起死回生の出来事となった。

　このため、中共側が事件から十周年の節目にあたり、自らの支配地域で西安事件の記念切手を発行するのも当然といえるのだが、実際に発行された切手のデザインは、非常に興味深い。

　切手には、満洲を拠点とする狼（＝日本軍）と、獅子（＝共産党および同党を支援する人民）の双方から責められて右往左往する蒋介石が描かれている。このデザインは蒋の〝安内攘外〟政策を皮肉ったものだが、抗日戦争の終結後、蒋が共産党攻撃（内戦）を再開したことを非難する意図も込められているのは一目瞭然であろう。見方によっては、この切手は中共にとっての目下の最大の敵である蔣介石を前に、〝敵の敵〟である中共と日本軍（ないしは満洲国）が手を結んでいる構図とみることさえ可能である。

つづけて、【図6】の切手の翌年の一九四七年九月十八日に発行された〝九・一八（満洲事変の発端となった柳条湖事件の中国側の呼称）〟の十六周年の記念切手【図7】では、満洲国の領土となっていた中国東北部の地図が大きく描かれているが、この切手の場合、真に重要なのは、地図の両脇に配された「反対蔣美反動派 製造二次満洲国」との文字のほうである。

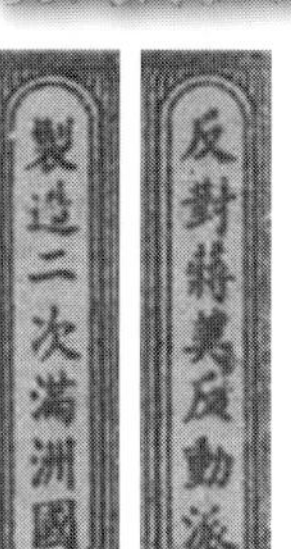

【図7】東北郵電管理総局が〝918〟の16周年を記念して発行した切手。左は図案左右の文字部分の拡大。

ここでいう〝美〟とは米国（＝美国）のことで、スローガンの意味は「蔣介石と米国の反動派が第二の満洲国を建設することに反対する」とでも訳せようか。米国に支援されたというより、中共にいわれれば（米国の傀儡の）蔣介石の満洲接収は、日本の傀儡政権だった満洲国の焼き直しにすぎない、との明確な政治的主張が示されているわけだ。

ここでも、満洲国は、それ自体が非難の対象というわけではなく（もちろん、中共による満洲国の歴史的評価はネガティヴなものではあるが）、蔣介石を非難するための素材として用いられており、満洲国の〝歴史〟に仮託して政治的・社会的にアクテュアルな問題を表現しようとしている姿勢が明らかになっている。

日本の民間貿易再開

一方、米国を中心とする連合諸国の占領下に置かれた日本では、国府は極東委員会や対日理事会の構成国となり、極東国際軍事裁判（東京裁判）にも判事を派遣した。また、実現はしなかったものの、中京地区占領のために国府が二個師団を派遣することが検討されたり、国府がマッカーサーに対して沖縄の共同統治を持ちかけて拒否されたりするという一幕もあった。

当初、米国のアジア・太平洋戦略は、中国の蔣介石政権を域内最大の親米国家として育成するとともに、日本が二度と米国の脅威にならないよう、徹底的に非軍事化することを基本としていたが、東西冷戦の進行に伴い、日本の経済復興を視野に入れ始める。

その手始めとして、終戦から二年後の一九四七年八月十五日、ＧＨＱは日本の経済封鎖を解き、〝民間貿易〟の再開を許容する。

ポツダム宣言に「日本は将来世界貿易関係に参加を許されるだろう」との一項があったとおり、終戦直後の一九四五年九月二二日、ＧＨＱは日本の輸出入は連合国の完全なる管理下に置き、当面、疾病と社会不安を防止するための最低限の輸入と、その決済に必要な外貨を獲得するための輸出以外は許可されないことになった。

一方、こうした状況に対応すべく、日本側も国家が貿易を直接管理するための機関として、一九四五年十二月十四日、勅令第七〇三号により、〝貿易庁〟を設置。さらに、一九四六年六月二十日、貿易等臨時措置令の公布により、「別に定める場合を除いては政府以外の者は物品を輸出し又は輸入することが出来ない」として、貿易の国家管理という原則が明示された。その後、一九四七年四月、従来の輸入協会や輸出組合に代わり、米国式の公社に倣った〝貿易公団（四種の公団があり、鉱工品貿易公団が陶磁器、時計、車両、船舶、鉱油、染料、薬品、紙、塩、美術工芸品等を、繊維貿易公団が繊維製品、パルプ、花莚等を、食糧貿易公団が食糧、肥料、油脂、飼料、飲食料品、木材、農水産品等を、原材料貿易団が鋼鉄、鉱物、化学製品、毛骨角歯牙甲殻類、薬剤等を扱った）〟が設立され、同年七月一日より活動を開始。貿易交渉を貿易庁が、実際の輸出入業務を各貿易公団が、それぞれ担当する体制が確立した。

なお、一九四七年五月時点の主な貿易相手国は、輸出先が米国26％、英国11％、中国11％、オランダ領東インド（現インドネシア）10％、朝鮮10％、タイ8％、輸入先が米国34％、エジプト5％、中国2％となっていた。一方、品目としては、輸出品が、綿糸布44％、生糸絹織物13％、陶磁器5％、化学薬品5％、農産品4％、木材4％、水産物3％だったのに対して、輸入品は、食糧が47％、石油15％、肥料14％、機械10％、塩7％を占めていた。当時の日本にとって、中国は米国に次ぐ重要な貿易相手国だったことがわかる。

こうして、占領下日本の貿易国家管理体制が整ったところで、一九四七年六月十日、ＧＨＱは同年八月十五日から制限つきの「民間貿易」再開を許可すると発表。八月十五日以降、各国のバイヤーの来日と、日本への総額五億ドルのクレジット設定、輸出製品に必要な材料の一部輸入などを許可することとし、戦後日本の「民間貿易」が再開された。

民間貿易の再開とはいっても、当時の貿易国家管理の原則により、①輸出入品は政府がいったん買い取る、②契約には連合国軍総司令部の確認が必要とされる、③為替レートは商品ごとに取引のたびに決められる、④輸出品にはMADE IN OCCUPIED JAPAN（占領下日本製）の表示を行う、など大きな制約があったが、それでも、民間貿易の再開は、敗戦国日本が国際社会に復帰する第一歩として当時の国民から歓迎され、記念切手が発行されたほか【図8】、各都府県市の商工会議所を中心とした各種の祝賀行事もさかんに行われた。

制限付きとはいえ、日本からの輸出が再開されたことに対して、大戦後のアジア太平洋地域で最大の貿易国となることを目論んでいた中国は大いに反発したが、一九四八年一月、米陸軍長官のケネス・ロイヤルは対日占領政策を非軍事化・民主化の段階から経済復興の段階へと移行したと発表する。

【図8】民間貿易再開の記念切手

琉球切手の御冠船

それでも、国共内戦での中共の優位が確定するまでは、国府も日本の占領政策に対して一定の影響力を維持していた。そのことは、一九四八年七月一日に発行された〝琉球切手〟にも反映されている。

一九四五年六月二十三日（ただし、異説もある）、八十日を超える激戦の末、司令官・牛島満中将が摩文仁の司令部壕で自決したことにより、沖縄での日本軍の組織的な抵抗は終了。沖縄は米軍占領下に置かれた。その後、玉音放送が行われた八月十五日には米軍政下の行政機構を作るための準備機関として沖縄諮詢(しじゅん)委員会が発足。米軍の軍政区域は沖縄・奄美の全域に拡大されることになり、宮古諸島は十二月八日、八重山諸島は十二月二十八日、奄美群島・トカラ列島は翌一九四六年二月二日に軍政下に入った。この間の一九四六年一月二十九日、東京の総司令部により「若干の外郭地域の日本からの統治上及び行政上の分離に関する総司令部覚書(外郭地域分離覚書)」が発せられ、「北緯三十度以南の琉球(南西)諸島(口之島を含む)、伊豆諸島、南方諸島、小笠原諸島及び硫黄列島並びに他のすべての外郭太平洋諸島(大東諸島、沖ノ鳥島、南鳥島、中ノ鳥島を含む)」は正式に日本の行政権から分離され、同年四月二十二日、諮詢委員会は琉球列島米民政府(奄美・沖縄・宮古・八重山の四地区におかれていた。以下、民政府)へと改組される。

沖縄諮詢委員会メンバー。(沖縄タイムス社提供)

　以後、地域名としては〃沖縄〃ではなく〃琉球〃が使用されていくが、これは、〃沖縄〃が狭義には沖縄本島のみを指す言葉であったことにくわえ、琉球王国を大日本帝国に編入する際に琉球から改称することでこの地域が日本領であることを示すために用いられていたこと、さらに、琉球という名称が戦勝国の一角を占めていた中国による命名であったことなどが総合的に考慮された結果と考えられる。

　さて、この時期、広義の〃琉球〃として日本政府の施政権から分離された地域の状況は、地区によっ

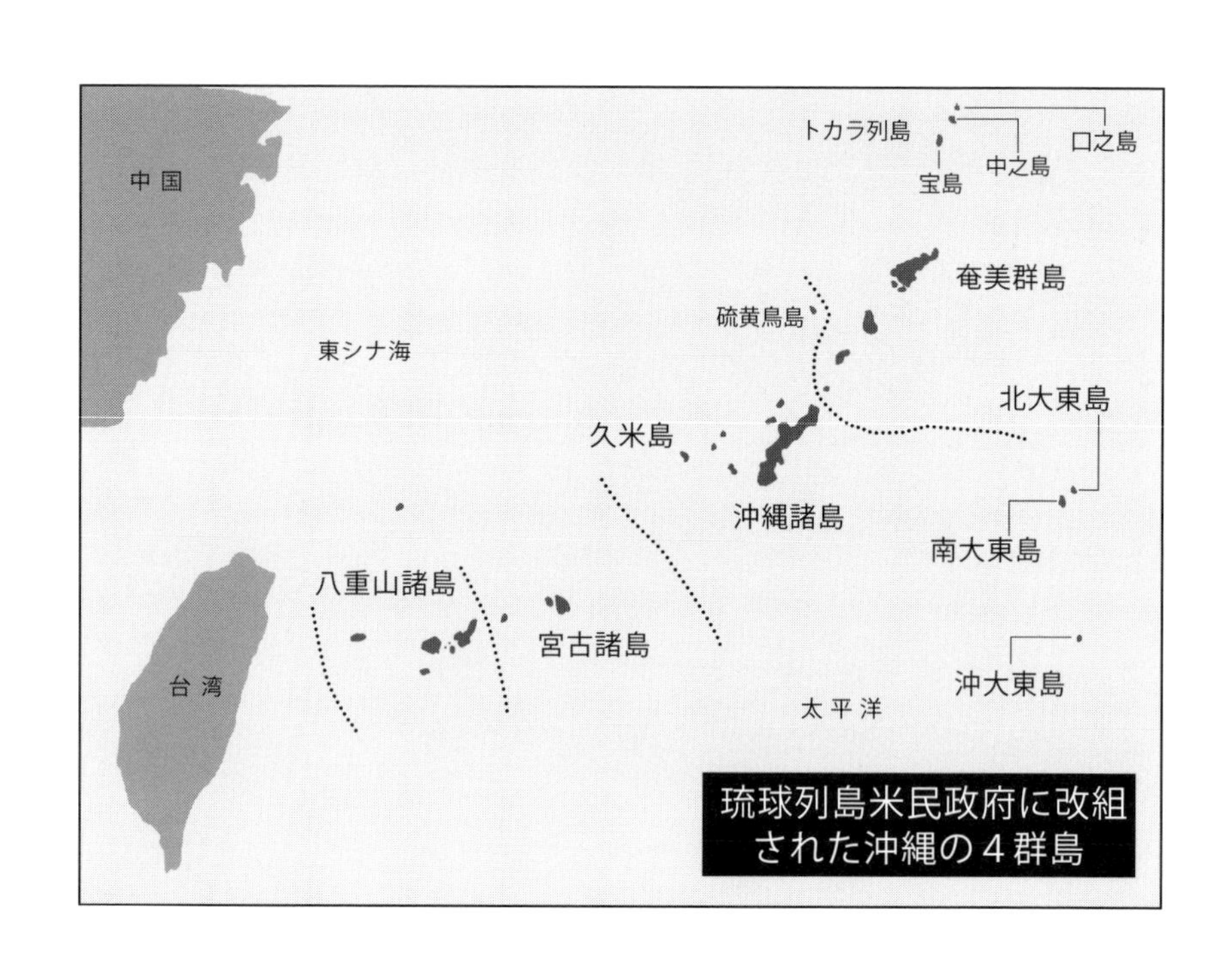

琉球列島米民政府に改組
された沖縄の４群島

て大きく異なっており、地区ごとの暫定切手が使用されていた【図9】。しかし、徐々にRYUKYUSとしての統合が進められ、一九四八年六月、琉球列島全域に共通する法定通貨はB型軍票円（新B円。戦前の日本円と等価交換された米軍政府発行のB型軍票を基準とする通貨）【図10】に一本化され、七月十六日から二十一日にかけて行われた第三次通貨交換を通じて、従来の日本円とB円軍票の流通が禁じられ、すべて、新B円に交換された。

これに合わせて、発行されたのが、全琉球統一の〝琉球切手〟である。

実は、琉球切手の発行に先立ち、一九四七年の時点で沖縄地区では独自の切手発行が試みられ、地元軍政府の依頼を受けた逓信部の比嘉秀太郎（ひがしゅうたろう）が、琉球王国の紋章や首里城、守礼門を描く切手図案の原案を作成していたが、これは、「民主的ではない」との

【図9】久米島で発行された暫定切手の例。謄写版で印刷されたもの。

【図10】B円軍票10銭

理由で、東京の総司令部によって却下されている。その後、比嘉は新たに四種の図案を制作し、一九四七年七月三十一日、これを東京に空輸。今度は総司令部に承認されたことで、新B円の導入にあわせて発行する〝琉球切手〟として、日本の大蔵省印刷局で製造が進められ、一九四八年六月七日に琉球側に納品され、七月一日の切手発行となった。

この時発行された切手は、国名の表示が〝琉球郵便〟となっており、ソテツ、テッポウユリ、御冠船（当局の発表では〝唐船〟）、農夫の四図案七額面があったが、いずれも、日本本土とのつながりを連想させるような要素は避けられているが、特に興味深いのは、三十銭および五十銭切手に取り上げられた御冠船【図11／次ページ】である。

江戸時代初期の一六〇九年、薩摩藩は幕府の承認を得て琉球王国を征服し、琉球国王を薩摩藩主の臣下としたが、その一方で、従来通り、琉球国王が明

琉球切手　1948年に発行された普通切手。5銭、20銭が「ソテツ」（右）、10銭、40銭が「テッポウユリ」（中央）、30銭、50銭が「唐船（御冠船）」（次ページ）、1円が「農夫」（左）の計4図案・7額面。

【図11】御冠船を取り上げた、1948年の琉球切手

（後に清）の皇帝に朝貢をつづけることも認めていた。このため、一八七二年の〃琉球処分〃によって琉球藩が設置されるまで、琉球はいわゆる日中両属の時代が続いた。

切手に描かれた御冠船は、こうした日中両属の時代、中国皇帝から琉球へと派遣された冊封使が乗ってくる船のことで、王冠や王服などの下賜品を積んでくることから〃お冠の船〃とも呼ばれて歓待された。船団は二隻からなり、一度に約五〇〇人を乗せ、夏に南風にのって来琉し、秋から冬にかけて北からの季節風を利用して帰国するのが通例であった。

こうした題材を、あえて〃唐船〃の名で切手に取り上げた背景には、かつての琉球王国が中国の冊封体制下に（も）あったこと、すなわち、歴史的には日本が独占的に支配していたわけではないことを示す意図があったことは明らかで、日本の非軍事化という方向性が完全に放棄されていたわけではなかったことが伺える。

台湾と旧台銀券

ところで、国府による接収直後の台湾では、当初、日本統治時代の旧台湾銀行券（日本円と等価）が流通していた。国府は、一九四六年に旧台湾銀行と台湾貯蓄銀行、三和銀行を接収・合併し、新たに台湾省営の〃台湾銀行〃を設立し、同年五月二十二日から、旧台湾銀行券と等価の〃台幣〃（一九四九年六月以降の〃新台幣〃と区別して〃旧台幣〃と呼ぶ）を発行・流通させたが、住民の間では台幣よりも旧台銀券に対する信用が厚く、旧台銀券から台幣への交換はスムースには進まなかった。

そもそも、国府が大陸で使用していた法幣（国府の法定通貨）を台湾で流通させず、旧台幣を発行した背景には、大戦が終結するや国共内戦が再燃するという混乱の中で、大陸経済が極端に疲弊し、法幣の信用が失墜していたという事情がある。国府にしてみれば、自らの戦後復興ならびに共産党との内戦の資金源として、新たに獲得した台湾の価値を維持しておくためには、台湾を大陸の経済的混乱から隔離しなければならず、台湾内で法幣を流通させるわけにはいかなかったのである。

旧台湾銀行券10円

通貨制度が異なれば、当然、切手も別のものとなる。【図12】は、旧台幣発行後の一九四六年六月に発行された切手で、支那事変下の一九四一年に香港の商務印書館で印刷された五分切手（描かれている人物は孫文の側近として活躍した廖仲愷）に、台湾内でのみ有効であることを示す〝限臺灣省貼用〟の加刷がある。額面が中国式の〝五分〟ではなく、旧台銀券に対応して〝五銭〟となっている点に注目したい。

【図12】1946年6月に発行された〝限臺灣省貼用〟の切手。額面は旧台銀券で5銭

旧台銀券と旧台幣の交換レートは一対一であるから、どちらの通貨で額面を表示しようとも実務上の問題はない。しかし、通貨を発行し、それを支配地域で流通させることが国

家にとって重要な主権行為であることを考えるなら、日本統治時代の残滓ともいうべき旧台銀券での額面表示は、国府にとって決して好ましいことではない。それにもかかわらず、実際の生活の中では旧台銀券表示の切手が堂々と流通していたということは、結果的に、国府の支配が台湾社会に十分浸透していなかったことの表れといえよう。

共産党との内戦に追われていた国府には台湾に良質の人材を配置する余裕はなく、台湾に進駐してきた外省人（大陸から台湾に渡った人々）には〝十官九貪〟とよばれたほど貪官汚吏が多かった。復興に使われるべき工場施設や備蓄されていた米や砂糖を投機のために上海や南京に売り飛ばすことが横行し、「一年の豊作で三年食べられる」といわれた台湾で、日本統治下では戦争末期にもなかったほどの深刻なコメ不足が発生した。島から逃げ出す犬（強圧的ではあったが規律のあった日本人）と入ってくる豚（無規律で腐敗・無能が蔓延する外省人）を並べ、「犬は人間を守ることはできるが、豚はただ喰って眠るだけだ」と記した風刺画が各所に貼られたのは、この時期のことである。これに対して、外省人の官吏は本省人（第二次大戦以前からの台湾居住者）の〝奴隷根性〟を批判。両者の溝は深まるばかりであった。

こうした状況の中で、本省人の不満が爆発したのが一九四七年の二・二八事件（台湾大虐殺）である。

一九四七年二月二十七日、台北市で闇タバコを販売していた本省人女性に取締の役人が苛烈な暴行を加えたことに対して、翌二十八日、多くの本省人が市庁舎への抗議デモを行った。これに対して、憲兵隊が発砲すると、抗争はたちまち台湾全土に拡大。本省人は多くの地域で一時実権を掌握したが、国府は大陸から大規模な軍隊を投入して三月末までに

〝暴徒〟を鎮圧し、国府に批判的な市民を徹底的に弾圧した。

事件鎮圧後の一九四七年五月以降、郵便の現場でも旧台銀券の受け付けは停止され、〝限臺灣省貼用〟の切手の額面も純然たる旧台幣表示に変更される。これにあわせて、同年七月十日には孫文の肖像を描く正刷切手【図13】も発行された。

切手に描かれている孫文の肖像は、大陸で発行されていた切手と同じだが、周囲のフレームは大陸のものが梅花模様であるのに対して、台湾のものは南洋の植物となっている。やはり、台湾が大陸とは異質の存在であるという認識があったのだろう。

【図13】 1947年7月に発行の孫文切手

なお、一九四七年十月二十五日には、国府による台湾接収二周年を記念して〝台湾光復〟の記念切手【図14】が発行された。台湾地図に青天白日旗が翻るデザインに、二・二八事件を経て国府が台湾を完全に制圧したことを誇示する意図が込められていたと見るのは、いささかうがちすぎだろうか。こちらの場合は、大陸と台湾との一体性を強調するためか、〝限臺灣省貼用〟の表示が入った切手は発行されず、大陸の切手がそのまま台湾でも発売された。ただし、大陸と台湾では通貨が異なることから、法幣の五〇〇円切手は旧台幣で七円、法幣の一二五〇円切手は旧台幣で十八円という売価であった。

【図14】 台湾光復の記念切手

さて、一九四七年

末まで、法幣と旧台幣の交換は年に数回の調整を行う固定相場制であったが、一九四八年一月以降、両者は変動相場制に移行する。この間、法幣と旧台幣の交換相場は、台湾からの〝輸入〟を有利に進めたい国府の政策的措置により、一貫して、実際の経済力に比べて旧台幣の価値を過小評価したものとなっていた。この結果、国共内戦による大陸のハイパーインフレは台湾経済を直撃する。

さらに、一九四八年八月、大陸ではついに法幣制度が破綻し、国府は新通貨として金円を発行した。混乱の中で、大陸からの逃避資金が台湾に流入し、台湾のインフレはますます加速していく。

こうした状況の中で郵便料金も目まぐるしく値上げされ、新料金に対応するために従来の切手に新額面を加刷した切手も盛んに発行された。【図15】は一九四九年二月に発行されたものだが、元の切手の額面三円に対して、変更後の額面を三〇〇〇円にする加刷がなされている。実に、一〇〇〇倍もの額面高騰だが、一九四九年一月一日時点での葉書一枚の料金三六〇〇円にも満たない金額である。

【図15】 3円切手に加刷して3000円切手としたもの

共産党との戦いに敗走を続ける国府の台湾移転が現実のものとなりつつあった一九四九年六月十五日、台湾省政府は「台湾省幣制改革法案」、「新台幣発行弁法」を布告し、旧台幣四万円を新台幣一円とするデノミネーションを実施した。当初の建前では、新台幣はあくまでも、国家の正式通貨ではなく、台湾に限定した地域通貨という位置づけであったから、国府としても大陸とは別に新台幣に対応する額面の切手を発行しなければならない。

しかし、新切手を企画し、準備している間にもインフレは昂進を重ね、新額面の切手を用意することもままならないというのが実情であった。

このため、一九四九年十月十六日に発行された新台幣対応の新切手には、額面の表示はなされず、国内普通郵便用、速達用など用途のみが記され【図16】、その都度、利用者には窓口で対応する料金で販売されるようになった。

【図16】インフレのため額面を表示せず（できず）、″国内信函費 毎重二十公分″（20グラムごとの国内書状料金）と用途のみを表示した切手

それからおよそ二ヵ月後の十二月七日、国府は正式に台湾に移転。彼らの支配下では、大陸と台湾で同じ切手が使われることのないままに終わっている。

日本人がデザインした解放区切手

一九四七年三月には中共の拠点、延安を占領した国府だったが、翌一九四八年四月には中共が延安を奪還。さらに、一九四八年九月から一九四九年一月にかけての遼瀋・淮海・平津の三大戦役で人民解放軍が勝利を収めたことで、中共の優位は動かしがたいものとなった。

一九四八年十二月、東北全域が共産党の支配下に入ったのを受けて、東北郵電管理総局が発行した「東北解放」の記念切手【図17／次ページ】は、当時、東北に残っていた日本人映画監督の木村荘十二が原画の制作を担当し（ただし、切手を製造したのは現地の哈爾濱孟廣發印刷所である）、東北郵電管理総局もそのことを大々的に宣伝している。

木村は、一九〇三年、東京各所で牛鍋のチェーン店「いろは」を展開していた荘平の十二番目の子供として生まれた。荘平は大変な艶福家で、多数の女性に三十人以上の子供を産ませたが、その中から、荘十二のほかにも、鹿鳴館時代の閨秀作家・木村曙（あけぼの）（長姉・栄子）、作家の荘太、荘十（そうじゅう）、洋画家・随筆家の荘八などの芸術家が生まれている。

【図17】東北郵電管理総局の発行した「東北解放」の記念切手の原画

映画監督・木村荘十二
（世界映画社『日本映画』第2号／1953年より）

さて、映画監督としての荘十二は、一九三〇年に無声映画の『百姓万歳』でデビューし、以後、『ほろよひ人生』（一九三三年）、『兄いもうと』、『彦六大いに笑ふ』などの作品でその地位を不動のものとした。当初は、社会批判を意図した映画も撮っていたが、次第に、国策に沿った映画も制作するようになり、一九三九年には、映画関係者の国策協力機関として設立された日本映画人連盟の初代理事長に就任する。そして、翌一九四〇年には、株式会社満洲映画協会（満映）の養成所・所長として渡満。以後、一九四二年には映画科学研究所・所長に就任するなど、終戦にいたるまで満映の幹部として活躍していた。

日本の敗戦後、満映は、共産党系の〝東北電影工作者聯盟〟に接収され、一九四五年十月一日、〝東北電影公司〟として、共産党の映画事業の基地となったが、旧満映の日本人スタッフはかなりの割合でこれに参加している。
国共内戦の激化に伴い、一九四六年五月、東北電影公司は長春から撤退して北上し、六月一日、興山(こうざん)に到着した。このとき、満映の著名な映画監督であった内田吐夢(とむ)や坂根田鶴子も北上したが、同年八月になると日本人の半数は帰国。現地に残ったのは、七〜八十名になった。その後、同年十月一日、東北電影公司は東北電影製片廠（東影）に改組され、中国共産党最初の本格的な映画撮影所となった。しかし、東影のスタッフは、日本人、旧満映出身の中国人、延安出身の中国人からなる寄り合い所帯であったため、内部のバランスを取るのが難しかった。そうしたこともあって、一九四七年二月、日本人スタッフの半数、三〜四〇人が整理され、内田らも炭鉱に徴用されている。このとき、内田とともに東北に留まっていた木村も映画の担当から外され、切手の発行時には炭鉱にいた。

こうした状況の下で木村がデザインを担当した切手は、労働者・兵士・農民の三人が並んで勝利を喜ぶという、いかにも社会主義的な色彩の濃いもので、それ自体は特別にオリジナリティがあるものとはいえない。このようなデザインであれば、なにも日本人の木村でなくとも、それ以前の切手同様、中国人デザイナーが原画を作成してもよかったはずである。それにもかかわらず、東北郵電管理総局が、〝東北解放〟という彼らにとってきわめて重要な記念切手のデザインに、木村の手になる原画を用いたのは、中共にとっては、どうしても日本人の協力が必要だったという事情があったからだ。

国共内戦の時代に国共両陣営に動員された日本人は三万人をくだらないといわれている。特に、終戦時に旧満州にいた日本人の医師や看護士をはじめ、技術者たちの中には、さまざまな口実を設けて帰国することをなかなか許されず、数年にわたって中国人同士の内戦に駆り出される者が多かった。

たとえば、【図18】のカバーを見ていただこう。

【図18】国府支配下の東北・瀋陽（旧奉天）に抑留されていた日本人技術者が、1948年に差し出した日本宛のカバー

このカバーは、一九四八年七月、国共内戦下の中国東北部・瀋陽（旧奉天）に抑留されていた日本人が愛知県碧南市在住の家族宛に差し出したもので、画像の右下には〝遼寧監獄　電信検閲〟の文字が入った円形の印が押されている。その下には、薄くて見難いのだが、〝東北行轅　西門日籍技術者善後連絡処〟の文字の入った角型の検閲印も押されている。この印から推測するに、差出人は〝日籍技術者〟として国民政府の側に抑留され続けたものと考えるのが妥当であろう。あるいは、〝監獄〟の検閲印が押されているところからすると、差出人を抑留し続ける名目として、国府の側は彼を〝戦犯〟に指定していたのかもしれない。

なお、カバーには中華郵政の発行した〝限東北貼

用〟表示の千円切手十五枚、額面合計一万五千円分が貼られている点についても少し触れておこう。

満洲国の崩壊後、一九四五年十一月の時点での東北での書状の基本料金は一角(一円は十角に相当)だったが、内戦の進行とともにハイパーインフレに見舞われ、一九四六年一月に一円に値上げされたのを皮切りに、同年二月に一時的に五角に値下げされたものの、同年十月には二円、一九四七年七月には四十四円、同年十二月には百七十円、一九四八年四月には五百円、同年七月には千五百円へと急激に値上げされていった。わずか三年弱の間に一万五〇〇〇倍にもなった勘定である。

こうした状況であったから、新たな額面に対応した新切手の発行がなかなか追いつかず、郵便局の窓口では低額の切手を多数貼ってその場をしのぐということが日常的に行われていた。【図18】のカバーの場合は、日本宛の航空便であるために、通常の国内便と比べるとはるかに高額の郵便料金が必要だったわけで、その分、多くの切手を貼らなければならなかったというわけである。

ちなみに、カバーの下部に貼られているセロハンテープは、カバーが日本に到着した時、占領当局(この時点では、日本はまだ連合国の占領下にあった)によって開封・検閲された後で貼られたもので、その上に押されている金魚鉢型の印は、占領当局による検閲を受けたことを示している。東西冷戦が激化していく中で、国共内戦の現場から送られてくる手紙は、GHQにとっても中国情勢に関する重要な資料と位置づけられていたことは間違いない。

このカバーは、封筒裏面の差出人本人の書き込みによると、一九四七年七月二十三日に差し出された後、同日、〝遼寧監獄〟の検閲を受けて、三日後の二十六日に瀋陽郵便局に持ち込まれた。占領当局が押した金魚鉢型の印に〝8―3〟と書き込まれているところから、八月三日には日本に到着していることがわかる。その後、占領当局の検閲を経て、宛先地の碧南郵便局がこの郵便物を配達したのは、カバー上の消印によると、八月五日のことであった。

途中、検閲に時間を取られたとはいえ、このカバーが内戦下の瀋陽で差し出されてから二週間で占領下の日本に到着しているのは、当時の社会的混乱を考えるときわめて順調であったと評価してよい。このように、郵便がきちんと機能しているということによって、旧満洲への残留を余儀なくされた日本人と日本の家族たちとの絆は維持され、彼らにとっての大きな心の支えとなっていたことは、あらためていうまでもなかろう。

もっとも、このカバーが差し出されてからほどなくして、国共内戦の帰趨はほぼ決し、東北は中共の支配下に入るが、そのことをもって、この差出人が無事に日本に帰国できたかどうかは疑わしい。むしろ、国府以上に日本人技術者を〝優遇〟し、活用することを考えていた中共の下で、差出人の抑留生活もさらに続いたものと考えるのが自然なように思われる。

木村荘十二や内田吐夢をはじめとする旧満映スタッフも、【図18】のカバーの差出人と同様、その技術と経験が必要とされていたがゆえに、中共は彼らを帰国させなかった。仮に、彼らが中共ではなく国府の側に抑留されたとしても、結果は同じことであったろう。

日本人の技術者を帰国させずに引き止め、自分たちに協力させる以上、中共としては彼らを厚遇することは当然の措置であった。同時に、そうした抑留生活を通じて、彼らを洗脳し、〝友好人士〟として育成することを重要視していた。

そもそも、毛沢東にとっては、抗日戦争の勝利とは軍事的に日本軍を打倒するだけでなく、日本と中国の革命を一体のものとしてとらえるという視点から、日本にも革命が起きて初めて成就されるものであった。それゆえ、毛にとっては(少なくとも戦争で疲弊し、日本が中国にとっての現実の脅威とはなり得ない状況下では)日本人による戦争への謝罪などは大した問題ではなく、将来の日本革命の尖兵とすべく、日本人の捕虜・抑留者を寛大に扱うことによって得られる効果の方がはるかに重要であった。

もっとも、こうした日本人優遇政策は、実際に抗日戦争の記憶が生々しい中で、依然として貧しい生活を強いられている一般の中国人民からは複雑な視線で迎えられることになったのは言うまでもない。

たとえば、一九四六年六月、木村ら旧満映の日本人スタッフが長春から興山に移った際、現地住民の反日感情を和らげるために、八路軍の将校が、日本人スタッフは〝我々の仲間〟であると力説することで住民を説得したというエピソードは、当時の雰囲気を雄弁に物語っている。

こうした文脈の中に、木村のデザインした【図17】の切手を置いてみると、切手を発行した東北郵電管理総局の意図は、おのずと明らかになってくる。

すなわち、労働者・農民・兵士の三者の団結という共産主義の基本理念を、中国人ではなく、日本人がデザインしたことを大々的に宣伝することで、日本人の中にも、中国の革命に同調し、中国に残って国家建設に協力する友好人士が存在していることを示し、一般国民の反日感情を緩和し、日本人とともに国家建設のために働くことへ抵抗感を薄めようという意図が込められたとみることができる。

そして、そのための広告塔には、残留日本人の中でも知名度のある人物を利用するのが、やはり、効果的である。その点で、著名な映画監督としてデザインの素養もあった木村は格好の人物だったというわけである。

UPU七十五周年と〝中国〟のない地図

これに対して、占領下の日本とその実質的な支配者であった米国は、終末に近づきつつあった国共内戦をどのように見ていたのだろうか。

すでに一九四八年一月十六日、国府は南京から廣州に首都を移していたが、同年四月二十三日の渡江戦役で国府は南京を完全に失陥。以後、人民解放軍は漢口(同年五月十六日)、西安(同二十日)、上海(同二十七日)、青島(六月十二日)を相次いで占領した。

同年八月には米国は『中国白書』を発表し、国府の敗戦の原因を政権の〝無能〟にあると結論付け、蔣介石は見捨てられた。すでに、米国は「国民政府とは関係を維持しつつ、合衆国兵力を中国から撤収し、物質的援助を停止することを考慮する」としつつも、「もしソ連が中国共産党を支持することになった場合には合衆国は政策を大幅に再検討することが必要になろう」という立場を取っていたから、それを継承しただけといってよい。ただし、実際に共産党が中国大陸を制圧し、中国が赤化することが米国にとって好ましからざる事態であることはいうまでもない。

かくして、一九四九年十月一日、北京で毛沢東が中華人民共和国の成立を宣言する。

こうした国際環境を念頭に、日本で一九四九年十月十日に発行された〝万国郵便連合(UPU)七十五周年〟の記念切手をみてみよう。

一九四九年は一八七四年にUPUの前身である一

般郵便連合（GPU）の創立から七十五周年にあたっていた。このため、一九四七年にパリで開催されたUPU大会議では、加盟各国が一九四九年に記念切手を発行するよう、申し合わせがなされた。

ところで、パリ大会議には敗戦国の日本とドイツ、それから会議開催時には独立を達成していなかった南朝鮮（当時は米軍政下／現・大韓民国）が参加できなかったため、連合側では、これら各国も連合国の許可を得ればUPUに復帰できることが同会議の最終議定書第一七号第二項で規定され、わが国は一九四八年六月、UPUへの復帰を果たしている。

中国建国10周年の記念切手。30万人が集う天安門広場で、中華人民共和国の成立を宣言する毛沢東。

これに伴い、日本の郵政も、パリ大会議での申し合わせに従い、〝万国郵便連合七十五周年〟の記念切手を発行することになった。

国際社会への本格的復帰の第一段となる今回の記念切手に関しては、郵政省の気合も充分で凹版四種セットの構成となっており、このうち、国内および外信用の書状基本料金に相当する八円と二十四円の図案は、渡辺三郎の原画による〝地球と通信の象徴〟が採用されたが、切手に描かれている地球の太平洋から日本を経て大陸に連なる部分が〝通信の象徴〟の帯によって隠されている。【図19／次ページ】

日本地図に関しては、同時に発行された国内および外信葉書料金用の二円および十四円切手が日本地図を描いているので（ただし、〝琉球〟と択捉島は除外されているが）、セットとして、極東の地図から欠落しているのは朝鮮半島と中国の東北・華北・華中、モンゴルなどとなる。一方、台湾とのその対岸の華南（かなん）三省（現在の行政区分でいうと、広東省（カントン）・海南省（かいなん）・広西（こうせい）チワン族自治区）は〝通信の象徴〟の帯から外れており、切手上でもしっかり確認できる。

　当時の日本は連合国（実質的には米国）の占領下に置かれており、切手のデザインについても総司令部の意向に反するようなものを採用することは不可能であった。したがって、この切手の地球（地図）は、ＧＨＱの了承の下に（あるいは、ＧＨＱの指示を受けて）このように描かれたと考えてよい。

【図19】「ＵＰＵ75年」の記念切手より、8円〝地球と通信の象徴〟（下）と、2円〝日本地図と手紙〟（右）。

　なお、原画制作を担当した渡辺らの証言によると、この切手の図案が最終的に確定したのは、切手発行日（十月十日）の約一ヵ月前のことだったという。切手の発行そのものは、一年以上前の一九四八年六月に日本が連合に復帰した時点で既定の路線になっていたから、図案の最終決定は発行日に間に合うぎりぎりのタイミングまで、中国の状況を見極めようとしていたのかもしれない。

　しばしば誤解されがちなことだが、一九四九年十月一日に中華人民共和国の成立が宣言された時点では、中共は中国大陸全土を掌握していたわけではなく、華南三省と西南部三省の大半は依然として国府が掌握していた。その後、十月十三日に国府が廣州から重慶に遷都したが、翌十四日に廣州が陥落。十一月二十九日に重慶から成都に遷都したが、十一月三十日に重慶も陥落。十二月七日に国府の中央政府機構が台湾に遷移し、台北が臨時首都となった後、十二月二十七日に成都が陥落するというプロセスをたどっている。さらに、一九五〇年春の新疆侵攻、同年四月七日の西昌戦役、同年五月一日の海南島制圧によって、ようやく、人民解放軍は国府軍を大陸から駆逐し、国共内戦は事実上終結する。

1949年1月、台湾で、総統への復帰（初代総統になって8ヵ月で退任を余儀なくされた）と大陸奪還を目指し、演説する蔣介石。右の女性は妻の宋美齢。（毎日新聞社提供）

したがって、UPU七十五周年の記念切手の原画が制作されていた一九四九年夏の時点では、〝通信の象徴〟の帯で隠れている部分は共産党の支配地域、隠されていない台湾と華南三省は国民党の支配地域という風に大まかに分かれていたことになる。というよりも、占領下の政治的な文脈では、共産党の支配地域を隠すように〝通信の象徴〟の帯を配したと考えるのが妥当であろう。

ちなみに、〝通信の象徴〟の帯で隠されているのは、日本と中国（共産党の支配地域）だけではなく、南北朝鮮とモンゴルも隠されている。

南北朝鮮に関しては、国連は（国連監視下の選挙を経て成立した）大韓民国のみが朝鮮半島唯一の正統政権という立場を取っていた。もちろん、北朝鮮の後見人であるソ連は当然のことながらこれを認めず、南北共に国連への加盟が実現したのは一九九一年のことである。

また、モンゴルに関しては、国連で安保理常任理事国の地位を維持していた国府は、モンゴルは清朝から中華民国が継承した領土であり、モンゴル国家の独立は認めないという立場を取っていたことから、一九六一年まで国連への加盟は認められなかった。

したがって、この切手では、〝戦勝国クラブ〟という色彩の強かった当時の国連に加盟を認められていなかった国・地域を排除したデザインということになり、その意味でも、〝占領下〟という時代を反映したものとなっていたのである。

第三章
新中国の軍民二元論

中ソ友好相互援助条約

中華人民共和国の建国宣言から間もない一九四九年十一月十六日から二十三日にかけて、北京で世界労働組合連合会・アジア大洋州労働組合会議【図1】が開催された。会議では、議長の劉少奇（国家副主席だが、会議には中国全国総工会名誉会長として参加）が「アジアの植民地・半植民地の運動は、中国と同じように人民解放軍による武装闘争をやらなければならない」とする〝劉少奇テーゼ〟を開会の辞で発表する。

【図1】世界労働組合連合会・アジア大洋州労働組合会議の会期初日、すなわち、“劉少奇テーゼ”が発表された日に中国が発行した記念切手

この劉少奇テーゼは、武力南侵を企図していた金日成（キムイルソン）を勇気づけ、一九五〇年六月の朝鮮戦争勃発の引き金（のひとつ）になったが、日本国内でも少なからぬハレーションを起こした。

終戦まで、治安維持法に違反するとして弾圧されていた日本共産党は、戦後の占領下で幹部が解放され、国会の議席さえ獲得した。

特に、昭電疑獄で芦田均を首班とする民主党、社会党、国民協同党の三党連立内閣が総辞職に追い込まれた後、一九四九年一月二十三日に投開票が行われた第二十四回総選挙では、民主党が解散前の九十四議席から六十九議席に、社会党が一一一議席から四十八議席に激減して惨敗する一方、吉田茂率いる民主自由党は一〇六議席増の二六四議席を獲得して圧勝するとともに、共産党も四議席から三五議席へと激増した。

選挙後の吉田内閣は、講和独立の前提として、経済復興とインフレ抑制のため、ＧＨＱ経済顧問として訪日したデトロイト銀行頭取のジョゼフ・ドッジが、立案・勧告したドッジ・ラインに基づく極端な財政金融引き締め政策を実施した。この結果、インフレは抑制されたものの、日本経済は深刻な不況に陥り、労働者の馘首が激増したため、共産党の影響下にあった労働組合も過激化した。こうした中で、一九四九年夏には、下山・松川・三鷹の国鉄三大事件が発生。事件には共産党の関与が疑われていた。

三鷹駅で原因不明のまま無人列車が暴走し、死者6人、負傷者20人を出した「三鷹事件」の現場。国鉄総裁が失踪し、轢死体となって発見された「下山事件」、故意にレールが外されて列車が脱線し、死者３人を出した「松川事件」とともに、国鉄三大事件と呼ばれる。
（国際文化情報社「画報現代史 第7集」より）

それでも、共産党は、占領下においても選挙の勝利を通じて共産党政権の樹立は可能であるとする〝平和革命論〟を唱えていたが、一九五〇年一月六日、コミンフォルム（共産党国際情報局。コミンテルン解散以来初の国際共産主義運動の組織）の機関誌『恒久平和のために人民民主主義のために！』に「日本の情勢について」と題する論文が掲載され、野坂参三（日本共産党政治局員）による米占領軍を〝解放軍〟

とする規定や、占領下における平和革命論が「アメリカ帝国主義を美化するものであり、マルクス・レーニン主義とは縁もゆかりもない」と批判された。

これに対して、共産党書記長の徳田球一は、一月十二日、「政治局所感」と題して、「日本の実情も知らずに同志（野坂）の言動を批判することは重大な損害を人民並びに我が党に及ぼす」、「一見方針が親米的に見えるだけで実質はそうではなく党の方針に誤りはない」などとするコミンフォルムへの反論を発表したが、一月十七日には中国共産党の機関紙『人民日報』もコミンフォルムを支持して野坂に自己批判を要求した。

これを機に、共産党は、徳田・野坂らの〃所感派〃とコミンフォルムの批判を是とする〃国際派〃に分裂する。

中ソ両方から批判された野坂は、一月十八日に自己批判を行い、コミンフォルムの批判を全面的に受け入れると表明したが、そのことは、GHQと正面から対決することを意味していたから、同年五月三日、マッカーサーは共産主義陣営による日本侵略の恐れを警告するとともに、日本共産党がそれに協力していると非難し、場合によっては同党の非合法化も検討しているとする趣旨の声明を発表する。

これに対して、六月四日の参議院選挙を控えた五

左から、共産党の徳田球一、野坂参三、志賀義雄。
（1945～1946年撮影／国際文化情報社「画報現代史 第２集」より）

月三十日、共産党の影響下にあった民主民族戦線東京準備会は皇居前広場（彼らの呼称では〝人民広場〟）で、主催者側発表で五万人規模の人民決起大会を開催。ところが、私服警察官が集会に紛れ込んでいたことが発覚し、大会参加者と警備の占領軍との小競り合いに発展し、民主青年団東京都委員長ら八名が逮捕された。

事件後の六月四日に行われた参院選挙では、共産党は改選議席の二議席を確保したが、六月六日、GHQと日本政府は日本共産党中央委員会委員二十四名の公職追放と機関紙『アカハタ』の発行禁止命令を発した。

さらに、六月二十五日、北朝鮮の朝鮮人民軍が南侵して朝鮮戦争が勃発すると、翌二十六日、徳田球一、野坂参三、志賀義雄、伊藤憲一、春日正一、神山茂夫の六人の共産党国会議員が失職。参院選で当選したばかりの高倉輝も公職追放となり当選無効の扱いとなった。

朝鮮戦争が勃発し、ソウル陥落前日の6月27日、大阪からソウル宛に差し出されたカバー。「朝鮮あて郵便物はすべて送達停止となりましたから返戻致します。なお料金は請求により還付されることになっております」との付箋を付けて差出人に返戻された。

七月には九人の共産党幹部について、団体等規正令に基づく政府の出頭命令を拒否したとして団体等規正令違反容疑で逮捕状が発せられたため、九人の幹部は地下に潜行し、徳田と野坂は北京に亡命して北京機関を創設した。

一方、日本共産党内で徳田・野坂らと対立していた宮本顕治や袴田里見ら国際派は、所感派に対抗するため、六月に〝日本共産党全国統一委員会〟を結成したが、中国共産党が『人民日報』で「日本人民は団結して敵にあたるべき」と統一を呼びかけたため、同委員会は解体を余儀なくされた。

しかし、その後も所感派と国際派の対立は収まらず、同年十二月、国際派は〝日本共産党全国統一会議〟を再結成し、共産党は事実上の分裂状態に陥った。

【図2】中ソ友好相互援助条約の切手

ちなみに、ほぼ同時期の一九五〇年十二月一日に中共が発行した〝中ソ友好相互援助条約〟の記念切手【図2】は、一九四九年十月に日本が発行したUPU七十五周年の記念切手とは逆に、主役の毛沢東とスターリンの背後の地図に日本列島が描かれているものの、台湾が隠されているという点で興味深い。

中ソ友好同盟相互援助条約は、一九五〇年一月にソ連と中共の間で軍事同盟と経済協力のために結んだ条約で、条約の第一条では、第三国の攻撃を受けた場合には「直ちに全力をあげて…援助を与える」とされており、仮想敵国として〝日本または日本の同盟国（＝米国）〟が規定されていた。

中共は、この条約により、当時のソ連の最新鋭兵器だったジェット戦闘機のMiG-15など近代的な軍備を手に入れただけでなく、条約にはなかった原子爆弾製造技術の協力も得るなどの恩恵を受けた。また、同年六月二十五日に始まった朝鮮戦争は、ソ連が米国との全面衝突を避けるために中国を介して北朝鮮を間接的に支援する根拠にもなった。

当時はスターリンも存命で、中共は〝向ソ一辺倒〟を掲げてソ連との一枚岩を強調していた時代だった。一九五〇年一月、コミンフォルムが日本共産党を批判し、日本共産党がそれに反論すると、『人民日報』がコミンフォルムを援護射撃したのも、そうした中ソの蜜月を反映したものだった。

こうしたことを踏まえて、あらためて、同盟条約の背景の地図を見ると、中共としては、日本をしっかりと描くことにより日本が両国共通の敵であることを、台湾を隠すことにより、台湾問題は〝国内問題〟であってソ連とは無関係であることを、それぞれ、ソ連との間の了解事項として確認しようとしたのではないかと考えられる。

また、モンゴルに関しては、独立国としてソ連の主張する通りの国境で描かれているし、東北（旧満州）や新疆などの国境も両国の合意に従った線で表現されており、結果的に、国境問題に関する両国の合意事項が図像化された格好になっている。その一方で、沿岸部から黄河や長江、珠江流域などの中国主要都市はほぼ毛沢東の背後に隠されており、やはり〝ソ連とは無関係（＝ソ連の干渉は排したい）〟という含意が表現されているとみてよい。

ところで、当時の中国では本土と東北部で別の通貨が使われており、それゆえ、東北では〝東北貼用〟と表示した切手が使われていた。中ソ友好相互援助条約の切手も例外ではない。

【図3】は、その中ソ友好相互援助条約の東北貼用の切手を貼って、一九五一年三月、鞍山（あんざん）にいた日本人が日本宛に差し出したカバーである。〝鞍山市鞍

【図3】1951年3月、鞍山製鉄所にいた日本人が差し出したカバー。表面（左）に東京都港区芝新橋の宛先、裏面に（左）に鞍山市鞍鋼外籍職工科とあり、ここで働いていた日本人関係者と思われる。

鋼外籍職工科〟という書き込みからすると、差出人は、製鋼所で働いていた日本人労働者ないしはその家族と見て間違いないだろう。

国共内戦下の一九四八年二月に中共の支配下に入った鞍山製鉄所（鞍山鋼鉄公司／現・鞍山鋼鉄集団）では、同年十一月以降、安東（あんとう）に破格の待遇で〝幽閉〟されていた日本人技術者約一〇〇人（家族をあわせると約二八〇人）が戻って中国人労働者に対する本格的な技術指導が開始された。

一九四九年十月一日、北京の天安門広場で中華人民共和国の建国を宣言した毛沢東（56ページ参照）は、アヘン戦争以来の一世紀以上にも及んだ半植民地時代の終焉を高らかに宣言し、その歴史的な興奮が中国全土を覆う中、鞍山の街には、日中戦争の終結以来、ソ連軍の占領と内戦によって荒廃した製鉄所を復興しようとする熱意があふれ、中国各地から優秀な人材がこの地に送り込まれていった。

その際、指南役を担った日本人技術者は、製鉄所の技術指導のみならず、中国人技術者に技術の伝承を図り、積極的に新たな技術革新を提言するなど、大きな成果を挙げている。同時に、一般の中国人労働者は、おそらく歴史上初めて、各種の訓練組織で高度な製鉄技術と専門知識を学ぶことを許され、昇進と昇格の機会を与えられた。

一九五〇年六月に始まった朝鮮戦争の戦火は、直接には国境を越えた東北には波及しなかったため、鞍山では製鉄所を復興し、生産を軌道に乗せるための努力が営々と続けられていた。この間、中共は、〝仇敵〟の過去を実質的に不問に付したばかりか、彼ら日本人ならびに旧国民党系の中国人技術者といった彼らに対して、当時の中国の生活水準からすると破格の待遇を与え、技術面での指導と協力を仰いでいた。

このカバーの差出人もその一人と考えられるが、〝日本または日本と連携するその他の国〟への警戒感から結ばれた中ソ友好同盟相互援助条約の切手を貼った郵便物を、ほかならぬ鞍山在住の日本人労働者が差し出しているという現実は、中共という政府の本音と建前が反映されていてなかなか興味深い。

なお、鞍山に残った日本人の技術者・労働者の活動は、一九四九年から一九五二年にかけてのいわゆる〝三年恢復期〟が終わっても続けられていた。しかし、一九五二年後半から第一次五カ年計画が始まり、ソ連人技術者が指導にあたることになると、日本人技術者は不用とされ、一九五三年前半、ようやく帰国を許された。

們要堅決反對　美帝重新武装日本

一九五〇年六月二十五日、朝鮮戦争が勃発した。

緒戦のうちこそ北朝鮮が奇襲攻撃の利を活かして占領地を急速に拡大したが、同年九月十五日、韓国・国連軍が仁川（インチョン）上陸作戦を敢行すると、形成は逆転。韓国・国連軍は三十八度線を越えて北進し、北朝鮮は国家壊滅の危機にさらされた。そこで、同年十月、中共は「唇滅べば歯寒し」として北朝鮮を支えるため、〝抗美援朝（米国に抵抗して挑戦を支援する）〟をスローガンに〝人民志願軍〟を派遣した。

「抗美援朝」を呼びかける中華人民共和国のプロパガンダ・ポスター。（Readers.net）

ゲリラ戦に秀でていた中共側は人海戦術を展開。中共の参戦を予期していなかった国連軍は総崩れとなり、二週間ほどの間に、三十八度線以南まで後退した。共産軍は、翌一九五一年一月四日にはソウルを占領したが、三月十五日には国連軍がソウルの再奪還に成功。以後、朝鮮での戦況は三十八度線を挟んで一進一退の膠着状態に陥った。

朝鮮戦争の勃発を受けて、

朝鮮戦争中、朝鮮人民軍（北朝鮮軍）の兵士が差し出した軍事郵便。北朝鮮を支援するために中国が派遣した“中国人民赴朝慰問団”が援助物資の一環として北朝鮮側に贈った封筒で、北京の天安門のイラストと「抗美援朝　保家衛國」のスローガンが入っている。

日本は国連軍の兵站基地として重要な役割を担うことになったが、その一方で、占領軍が朝鮮へと派遣されると、日本国内には防衛兵力、治安維持兵力が存在しなくなり、その軍事的空白を埋める必要が生じた。

そこで、一九五〇年八月十日、警察予備隊令が創設される。

警察予備隊は、当初、軽装備の治安部隊に近いものとして構想されていたが、朝鮮での戦争が長期化し、中国人民志願軍の参戦により戦争が米中代理戦争化すると、重武装化するよう方針が転換された。

これに対して、警察予備隊の創設による日本の再武装は、ポツダム宣言や『日本国憲法』第九条に抵触するとして、占領国の一角をなしていたソ連や米軍と直接戦っていた中共が反発。日本国内でも左翼陣営がこれに同調し（あるいは、中ソの支援を受けた活動家が反対運動を展開し）、以後、違憲訴訟を起こしていくことになる。

特に、中共では、郵便物に日本の〝再軍備〟を反対するスローガンの印が押されるなど、こうした動きに積極的に関与していた。

たとえば、【図4】は、一九五一年六月八日、汕頭（せんとう）から潮安（ちょうあん）宛に差し出された郵便物だが、国民世論を誘導するため「記住八年血涙深仇　我們要堅決反對美帝重新武装日本」のスローガンの入った印が押されている。スローガンの大意は、「（日中戦争の）八年間の思い起こし、米帝国主義による日本の再武装に強く反対しよう」といった意味になろうか。このスローガンにはいくつかのヴァラエティがあって、たとえば、上海で使用された印の文言は「堅決反對美國　重新武装日本」【図5】となっている。おそらく、中央で統一的に印を作成したのではなく、中央

【図4】日本の〝再武装〟に反対するスローガン印が押された、汕頭発の郵便物

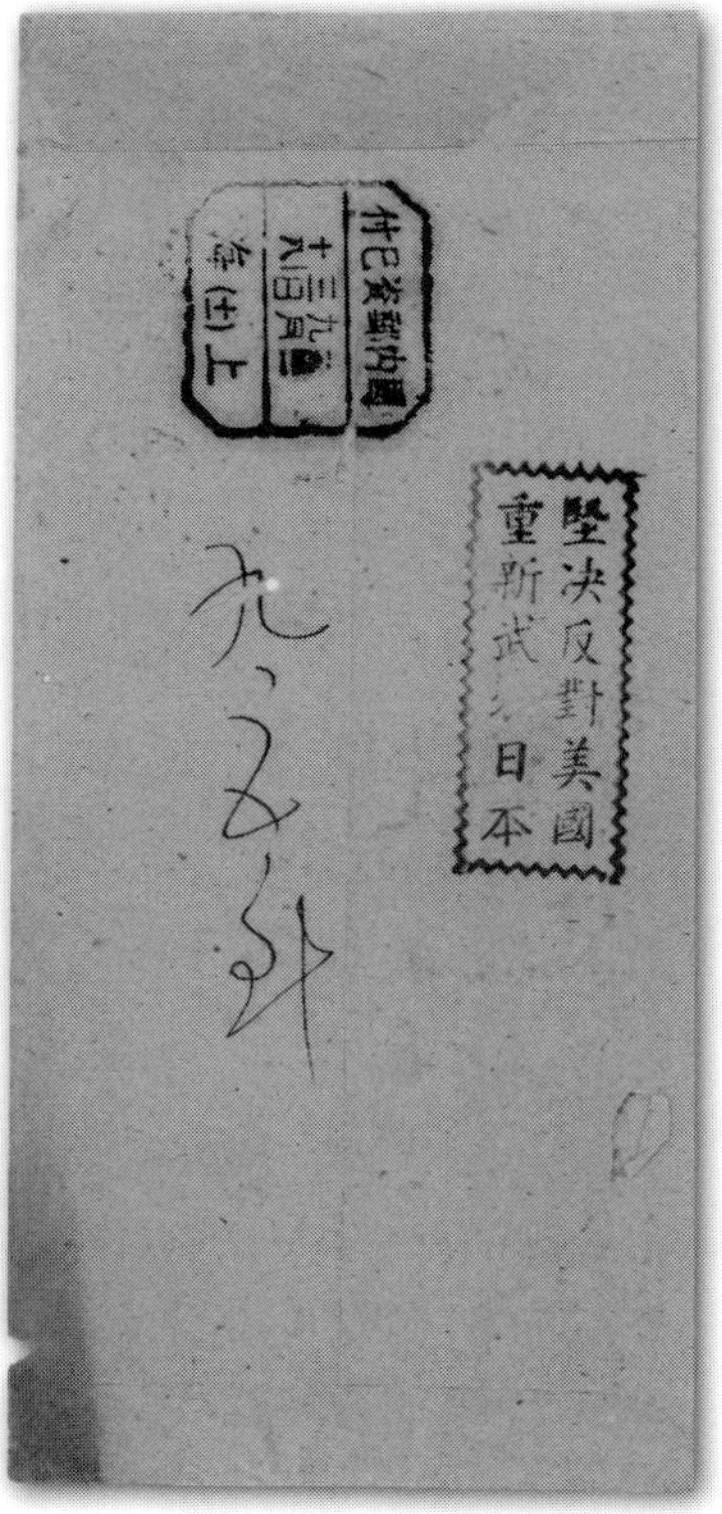

【図5】同じくスローガン印が押された、上海発の郵便物

からの指令を受けて各地の現場で独自に印を制作したため、こうしたヴァラエティが生じたのであろう。

いずれにせよ、徳田や野坂ら日本共産党の幹部を受け入れたこともあり、中共が国際社会に対して〝日本の再軍備反対〟のプロパガンダを発信する重要な発信源の一つとなっていたことは間違いない。

こうした状況の下、日本の講和独立も具体的な交渉が進められるようになり、講和条約発効に伴って生じる軍事的空白については、講和条約と同時に日米安保条約（旧条約）を調印し、日本側が米軍の駐留継続を認めることで決着。一九五一年九月、サンフランシスコのオペラハウスで対日講和会議が開催された。

しかし、会議参加国のうち、講和後も米軍の日本駐留が継続されることに反発したソ連・チェコスロヴァキア・ポーランドの三国は、条約の調印を拒否している。

なお、講和会議における〝中国〟代表については、台北の国民政府、北京の共産政府のいずれに参加資格を与えるか、米英間で意見の不一致があったが、最終的に、どちらも招請されないことで決着した。

これに対して、会議後の九月十八日、周恩来は中国外交部長（外相）として「サンフランシスコ講和条約は、中華人民共和国が準備過程、交渉過程、そして署名にも参加していないので、中華人民共和国はこれを不法で無効だとみなす。したがって、決して承認することはできない」との声明を発している。

講和条約の結果、日本は台湾の領有権を放棄したが、「その後の帰属については未定」というのが公式の立場である。

その後、日本政府は米国の意向を受けて、同年十二月二十四日、首相の吉田茂が米国務長官顧問のジョン・フォレスター・ダレス宛書簡で、国民政府との間に平和条約締結の用意がある旨を表明，これを受けて、講和条約発効日の一九五二年四月二十八

1952年4月28日、サンフランシスコ平和条約発効の7時間30分前に、台北市の台北賓館で調印された「日華平和条約」。日本の河田烈特命全権大使（右）と台湾の葉公超外交部長（左）が署名した。（朝日新聞社提供）

日、講和条約の発効直前のタイミングで日本政府は台北で「日本と中華民国との間の平和条約」(日華平和条約)を調印し、国府との国交を回復した。その結果、日本は国府が台湾を統治することを実質的に認めることになり、台湾の国際法上の地位は未定という公式見解とは齟齬をきたすことになった。

魯迅と辣椒(ラージャオ)体操

当選のことながら、日華平和条約に対して中共は激しく抗議し、周恩来は「(同条約は)日米反動派の気違いじみた陰謀」、「日本の反動的指導者にはいまだ介護の痕跡が見られ」ず、「中国人民を公然と侮辱し、敵視する吉田、蔣介石の〝平和条約〟に断固反対する」との声明を発表した。

その一方で、軍民二元論を掲げて、日本に対する揺さぶりを仕掛けてきた。

すでに述べたように、軍民二元論は、もともとは蔣介石が唱えた理論で、日本軍国主義と日本人民を分け、侵略の責任を一部の軍国主義者に帰するとともに、大多数の人民は被害者であったとする考え方である。

中共はこれをブラッシュアップし、日本政府に関しても政策決定過程に関わる高官と一般公務員とを区別し、旧日本軍についても将校と兵を区別する。そのうえで、①明治以来の日本には大陸進出という〝一貫した政策目標〟があり、支那事変はその帰結である、②政府や軍の中枢はその国策に従って、常に対中侵略を続けてきた、③しかし、その一方で、民間には中国革命に共感する〝友〟や中国人留学生に温かく接する〝師〟も少なからずいた、という物語が作り上げられ、流布されていった。

その背景には、中共に対する感情とは別に、当時の日米関係が必ずしも盤石なものとは言えないことを中共も十分に理解しており、それを最大限に活用しようとしたという面があった。

そもそも、米国自身が、サンフランシスコ講和条約とあわせて日米安保条約（旧安保条約）を結び、講和独立後も在日米軍基地を維持する体制を整えたものの、日本を同盟国として必ずしも信頼していたわけではなかった。

たとえば、当時の米国の対日観は、講和条約の発効から約四ヵ月後の一九五二年八月、米国の国家安全保障会議（National Security Council／軍事・国防政策と、他のあらゆる政府機関の活動との統合・調整について大統領に助言する機関。議長は大統領）が取りまとめた文書、NSC一二五／一にはっきり表れている。

このNSC文書では、日本を米国の同盟国、自由主義国の一員として育成し、日本の国力を充実させることで、日本には極東における自由主義陣営全体の強化のための貢献をさせるとの基本方針がまとめられていたが、同時に、経済力・軍事力をつけるにつれ、日本は、自国の国益（それが、米国の国益とは必ずしも合致するものではないのは言うまでもない）に沿って、より自由な政策決定を行うようになるであろう、との不安も記されている。

米国の不安の背景としては、さまざまな要因を挙げることができる。

まず、どれほど政府レベルで日米の〝友好〟が喧伝されようとも、標準的な日本国民にとっては、米国はつい最近まで勝者として日本を占領していた存在であり、国民の間の潜在的な反米感情は無視できないものがあった。しかも、そうした国の軍隊が、講和独立後も、〝不平等条約〟に基づいて日本国内に駐留を続けているということは、いくら、それが現下の国際状況では最善の選択であるとの理屈が妥当なものであろうとも、国民の感情的な不満を招くのは避けられなかった。

こうした講和後の日米関係に対する不満は、たとえば、左翼の側からは「血のメーデー事件」というかたちで爆発した。この事件は、講和条約発効から三日後の一九五二年五月一日に起こったもので、一部のデモ隊員が、彼らが〝人民広場〟と呼んでいた皇居前広場に入って乱闘となり、警官隊が撃ったピストルで死傷者が出たというものである。皇居前広場は、占領中の一九五〇年六月以来、集会が禁じられていたが、労働者側は占領の終結とともにこの禁止は根拠を失ったと主張し、広場に乱入し、米国人の車を襲撃した。まさに、左翼の側から占領時代を否定し、米国からの自立を主張しようとする事件である。

「血のメーデー事件」。デモ隊によって転覆させられた、米国人の自動車
(US military Photograph)

また、政界においては、独立とともに追放を解除されて政界に復帰した戦前の大物政治家たちが、憲法改正と自主外交を唱えて、〝(彼らの目から見ると)向米一辺倒〟の吉田政権に対する敵意をあらわにし、政局は不安定化していた。

このように、政治的な左右の旗幟を鮮明にしない場合でも、一九五四年から一九五五年にかけて、空手チョップを必殺技とするプロレスの力道山が異様なまでの国民的人気を集めたのは、彼が次々と悪役を演じた米国人レスラーをマットに沈めてみせた結果にほかならない。

　このような思想信条や国民感情とは別に、経済面でも、日本の政財界の中には、日本が台湾の国民政府と講和条約を結び、アメリカの対中禁輸措置に従っていることへの不満も少なくなかった。

20世紀デザインシリーズより「力道山の活躍」

　日本と中国大陸との貿易は、一九四七年八月十五日の（制限付き）民間貿易再開時から行われていたが、中華人民共和国成立を控えた一九四九年五月には、野坂参三（日本共産党の幹部で衆議院議員）、平野義太郎（日本共産党系のマルクス主義法学者）、内山完造（魯迅の支援者として知られる書店経営者）らにより、中共との貿易拡大を目指す日中貿易促進会が結成された。これと並行して、同年、超党派の国会議員により〝中日貿易促進議員連盟（後に日中貿易促進議員連盟と改称される）〟が結成され、一九五〇年四月には参議院で「中日貿易促進に関する決議」が採択された。

　朝鮮戦争が勃発する以前の一九四九年から一九五〇年前半にかけての日本経済は、ドッジ・ラインの超緊縮財政もあって深刻な不況に陥っており、日中貿易の拡大に活路を見出そうとする経営者も多く、彼らは中共への警戒心より、当面の経済利益を確保するのに汲々としていた。したがって、中共の〝友好人士〟が日中友好と貿易の拡大を掲げたとき、それを抵抗なく受け入れる土壌が日本の経済界にはあったのである。

しかし、一九五〇年六月に朝鮮戦争が勃発すると、米国は中共の封じ込めに乗り出し、ココム（COCOM／対共産圏輸出統制委員会）の禁輸リストが対中取引にも適用されるようになる。さらに、同年十月、中国人民志願軍が朝鮮戦争に参戦すると、同年末、米国はココムの規制に加え、さらなる対中戦略物資禁輸措置を発動。一九五一年二月に国連は中華人民共和国を〝侵略国〟に認定し、同年五月には対中・北朝鮮戦略物資禁輸決議を採択。一九五二年七月にはココムの対中国版としてチンコム（CHINCOM／対中国輸出統制委員会）が設置された。

これに対して、一九五二年四月の講和条約発効と前後して、中共政府は「日本が米国の掣肘を脱して、再軍備を止め、平和産業を発展させ、アメリカの強めている禁輸を打破して、中国貿易を拡大するのが、日本人民のためである」との声明を発表し、日本に対する〝平和攻勢〟を展開。はたして、同年四月、日本が中共のみならず東側諸国との経済交流の促進を目指して、モスクワ国際経済会議に参加すると、経済利益から日本を取り込むことが可能と考えた周恩来は、中国人民銀行総裁で同会議の中共代表団長の南漢宸（なんかんしん）に対し、会議に参加する日本の参議院議員、高良（こうら）とみ（日中貿易促進議員連盟理事）、帆足計（ほあしけい）（同）、宮越喜助（日中友好協会理事、日中貿易促進会顧問）の二人を北京へ招請するよう命じた。はたして、

1952年、北京の西苑空港にて中国側の出迎えを受ける高良とみ。高良は婦人運動家・平和運動家・政治家で、戦後初の女性議員だった。（日本女子大学成瀬記念館 所蔵）

日中貿易の再開に前向きな三人は喜んで応じ、六月一日、北京で第一次日中民間貿易協定を調印する。

同協定はバーター形式で、期限六ヵ月、金額は往復三〇〇〇万ポンドという限定的なものだったが、同じく一九五二年四月には、高良らとともにモスクワの会議に参加した大阪商船相談役の村田省蔵らを中心に、東側諸国との貿易拡大を目指す日本国際貿易促進会議も組織された。

こうした動きと並行して、一九五二年五月、日本政府は米国に対する配慮からココムへ参加の意思表示を行ったが、これは、ココムに加入すれば日本の輸出統制も西欧諸国並に緩和されるのではないかとの期待に基づいていた。

未曾有の好況をもたらした朝鮮戦争の特需景気が、戦線の膠着とともに、戦争勃発翌年の一九五一年をピークに徐々に下降しはじめているなかで、日本側のこうした動きは米国の懸念材料となった。上述のNSC一二五／一文書（一九五二年八月）でも、「日本は米ソ対立を利用しようと試みるかもしれない。アジア大陸に影響力を再び植えつけ、対中国貿易の利益を得るために、アジアの共産主義の影響下にある地域と接近することは、日本の利益であると判断するかもしれない…」として、日中または日ソの接近に強い警戒感が率直に記されていたのは、こうした事情によるものであった。

当然、米国は日本のこうした動きを許さず、同年九月、「共産中国貿易移管する日米間の了解」を日本に仮署名させ、ココムのリストに四〇〇品目を加えた対中貿易統制を実施させた。同年十一月、日本のココム加盟は達せられたものの、結果的に日中貿易に対する厳しい統制が緩められることはなく、日本の財界には不満がくすぶっていた。

こうした日本国内の不満をすくいあげるかたちで、中共は軍民二元論のプロパガンダを展開し、「民間には中国革命に共感する〝友〟や中国人留学生に温かく接する〝師〟も少なからずいた」という物語を補強するため、〝友〟や〝師〟の実例として、孫文や魯迅の周囲の日本人の〝美談〟が盛んに強調されていく。

一九五一年十月十九日に発行された〝魯迅逝世十五周年〟の切手【図6】も、そうした政治的文脈に置いてみるとなかなか興味深い。

【図6】魯迅逝世15周年の記念切手

一八八一年、浙江省紹興に生まれた魯迅(本名：周樹人)は、清末の一九〇二年、官費留学生として日本に派遣され、仙台医学専門学校で西洋医学を学んだ。一九〇九年に帰国後、一九一一年の辛亥革命を経て新政府に教育部員として参加。北京に移り、雑誌『新青年』に『狂人日記』(一九一八年)、『阿Q正伝』(一九二一―二二)などの傑作を発表し、文学革命の指導的な存在になった。

その後、厦門、廣東に移ったが、一九二七年四月十二日、蔣介石が反共クーデターを起こして孫文以来の第一次国共合作を破棄すると、同年秋以降、上海の日本租界に移り、一九三六年に亡くなるまで上海で生活した。

上海では、内山書店を経営していた内山完造の援助を受け、左翼作家の中心的な存在として国民党政府の弾圧やその御用文人と非妥協的に論争する一方、夏目漱石、森鷗外、芥川龍之介などの日本文学の翻

1933年5月、上海で撮影された魯迅と内山完造。（PPS通信社提供）

訳にも精力的に取り組んだ。

【図6】の切手に取り上げられているのは、上海時代の一九三二年に書かれた詩「自嘲」の一節「横眉冷対千夫指　俯首甘為孺子牛（眉を横たえて冷ややかに対す千夫の指／首を俯して甘んじて為る孺子の牛）」で、その大意は「たとえ千人の男から指さされようとも、私は眉をあげて、冷然と向かいあうのだが、若様のためには、頭を垂れて甘んじて牛になってやるつもりである」となろうか。

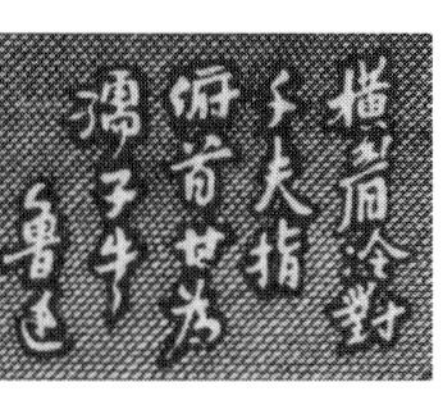

「自嘲」が作られた前年の一九三一年四月の日記で、教え子で愛人関係にあった許広平（正規に結婚した妻の朱安は北京で姑の魯瑞と生活していた）との間に生まれた周海嬰（当時一歳）のことに触れて「これまで以上に働いて、孺子の牛となるほかありません」と書き記しており、この詩もそうした文脈で作られたものとみるのが自然であろう。

ところが、この詩に関しては、毛沢東が〝千夫〟とは敵であり、〝孺子〟とは人民大衆のことであるとして「革命家は人民大衆に奉仕し、敵と戦いぬくべきである」と解釈。その結果、おそらく魯迅本人としては親としての素朴な愛情を詠んだ詩は、一挙に革命の聖句に祭り上げられてしまうことになる。

そして、この詩が内山の支援を受けていた上海時代に、日本租界で作られたという〝歴史的事実〟を持ち出すことにより、日本の人民は中国革命を支援してきたというイメージが醸成されることになる。

一九五二年六月二十日から七月二十三日にかけて

【図7】1952年に発行された〝ラジオ体操〟の切手

発行された、ラジオ体操の切手【図7】もまた、そうした軍民二元論の〝民〟の側に焦点を当てた切手と言ってよい。

ラジオ体操は、ニューヨークに本社を置くメトロポリタン生命保険会社が一九二五年三月に始めたのが最初である。ちょうどそのころ、メトロポリタン生命保険会社を視察した逓信省簡易保険局監督課長の猪熊貞治は、ラジオ体操が人気を集めていることに注目。帰国後の同年七月、日本にメトロポリタン社のラジオ体操を紹介し、日本人の体格向上のため、「老若男女を問わず」、「誰にでも平易にできる」、「如何なる場所でもできる」ものとして国民保険体操をラジオで実施することを提唱した。

これを受けて、一九二七年八月、国民の健康の増進などを目的として、簡易保険局がラジオ体操の実施を決定。翌一九二八年十一月の昭和天皇の即位の大礼の記念事業の一つとして、十一月一日、東京圏でラジオ体操の放送が開始され、一九二九年にはラジオ体操は全国放送となり、国民の間に定着していった。

その後、満洲国の建国や支那事変などで大陸に渡る日本人が急増すると、それに伴い、中国の主要都市にも日本式のラジオ体操が持ち込まれた。さらに、当時の北京師範大学体育科の体操教員はすべて日本人で、彼らは日本から持参したラジオ体操のレコードと資料を用いて体操を教えていたから、中国人教員を通じて日本式のラジオ体操は徐々に浸透していくことになる。なお、日本語の〝ラジオ〟の発音は中国語の〝辣椒（ラージャオ：唐辛子）〟と発音が似ていることから、中国人は日本のラジオ体操を〝辣椒体操〟と呼んでいたという。

北京師範大学体育科で日本人教員の石津誠から体操を学んでいた劉以珍は、中華人民共和国の成立後、全国体育総会準備委員会委員に任じられ、中国式のラジオ体操の振り付けを担当することになるが、上述のような経緯から、日本のラジオ体操をベースに、ソ連の衛生体操の要素も取り入れ、一九五一年に中国として最初のラジオ体操を作り上げた。

したがって、当時の中国政府は、ラジオ体操が日本から伝来したものであることを承知のうえで、計四十種もの切手を発行したことになるわけで、その背景には、やはり軍民二元論があったとみるのが自然だろう。

抗日戦争十五周年

一方、軍民二元論のもう一つの柱である日本軍国主義批判については、ラジオ体操の切手と同時期の一九五二年七月七日に発行の〝抗日戦争十五周年〟によってバランスを取った形になっている。

切手は、編号（中国郵政による切手の管理番号で、原則として切手下部に入っている）の順に、①盧溝橋周辺の風雲、②平型関（へいけいかん）の勝利、③新四軍（しんしぐん）の出発、④反攻作戦を練る朱徳と毛沢東、の4種セットで、額面はいずれも八〇〇円である。以下、それぞれの切手取り上げられた題材について説明しておこう。

まずは、「盧溝橋の風雲【図8】」について。

【図8】抗日戦争15周年の記念切手のうち「盧溝橋の風雲」を取り上げた1枚

一九三七年七月七日、北京郊外で演習中の日本軍に対する発砲事件を機に、日中両軍の衝突が発生した。これが盧溝橋事件で、当初、日本の外務省と陸軍中央は「不拡大・現地解決」の方針を固め、七月九日には現地で「停戦協定」が結ばれ、軍の派遣はいったん見送られた。

しかし、事件発生翌日の七月八日、中共は、日本を打倒するというコミンテルンの方針に従い、国府を巻き込んで日本と戦うため、局地解決反対を全国に呼びかけ、十一日には周恩来が抗日全面戦争の必要を蔣介石に強調するなど、国府に対日抗戦を迫った。こうした中で、関東軍が満洲国と中華民国の国境である山海関に集結すると、国府はこれに対抗して華北方面へ中央軍を北上させたため、十七日、日本は国府に対して、挑戦的言動を即時停止し、現地解決を妨害しないよう要求した。

しかし、十九日、国府側は、日中同時撤兵と現地ではなく中央での解決交渉を求め、その後、北京周辺で日中間の軍事衝突事件が相次いで発生したため、二十七日、日本政府は自衛行動をとるのやむなきに至った旨を声明。翌二十八日、華北駐屯の日本軍は総攻撃を開始し、月末までに北京・天津方面をほぼ制圧した。

この間、七月十九日には蔣介石も「最後の関頭（重大な分かれ目、瀬戸際の意）」演説（廬山談話）で抗日の決意を表明したほか、中共も七月二十三日に「第二次宣言」を発して、全面抗戦・徹底抗戦の実行を強調。さらに、八月九日には、上海海軍特別陸戦隊中隊長の大山勇夫海軍中尉と斎藤與蔵一等水兵の殺害事件を機に第二次上海事変が起きると、八月二十二日、国府は、共産党の紅軍を改編して国民革命軍第八路軍（以下、八路軍）とすることを正式に公布し、朱徳を八路軍総司令に、彭徳懐を同副指令に任命し、三個師をその指揮下に入れるとともに、武器、弾薬、資金の補給を開始した。

蔣介石没後３周年記念切手より、廬山談話を演説する蔣介石。

そして、九月九日の国防最高会議には、主席の蔣介石の下、中共からも周恩来、朱徳らが参加。同二十二日には中共中央委員会の「国共合作に関する宣言」が、翌二十三日には蔣介石の「国共両党の第二次合作に関する談話」が発表されて第二次国共合作が成立し、中共の望んだとおり、支那事変は日中間の全面戦争化する。

したがって、盧溝橋事件自体は中共とは無関係のはずなのだが、中共は自らが当初から抗日戦争を主導していたという自らの主張と平仄をあわせるため、この題材を選んだものと考えられる。

二番目の切手に取り上げられた〝平型関の勝利〟【図9】の平型関は、山西省北部、五台山と恒山の両山塊に挟まれた峠で、狭い谷底を制する交通上・軍事上の要衝である。支那事変初期の一九三七年九月二十五日、太原攻略を目ざして前進していた日本の華北方面軍第五師団第二十一旅団は、兵站自動車中隊（前線から霊邱へ帰還中）と歩兵第21連隊の大行李（前線へ前進中）が、山間隘路の別地点でほとんど同時に林彪の指揮する中国共産軍（第八路軍）一一五師団の待伏攻撃に遭い、ほぼ全滅し、死者約一五〇人、負傷者約四十人という損害を出した。

【図9】抗日戦争15周年記念切手より「平型関の勝利」

この戦闘は八路軍にとって抗日戦争における最初の勝利であったことから、中共は「日本軍一万人余（後に千人余）を殲滅した」と戦果を大幅に誇張して発表し、以後、現在に至るまでプロパガンダとして大いに活用している。切手では関所に入城する八路軍が描かれているが、投降する日本軍や戦闘の痕跡などは取り上げられていない。

三番目の切手には〝新四軍の出発〟【図10／次ページ】が取り上げられた。

第二次国共合作に伴い、華北の紅軍は国府の八路軍に編成されたが、華中・華南（江西省・福建省・広東省・湖南省・湖北省・河南省・浙江省・安徽省）に関しては、一九三七年十月二日、国府はゲリラ戦を展開し

【図10】抗日戦争15周年記念切手より「新四軍の出発」

ていた紅軍とその遊撃部隊約一万を〝国民革命軍新編第四軍（新四軍）〟として再編することを指示し、軍長に葉挺、副軍長に項英を任命した。

ところで、蔣介石のプランでは、国共合作とは国共両軍が中国全土で共闘するということではなく、延安を拠点とする中共は黄河以北で、南京ついで重慶を拠点とする国府は長江以南で抗日戦線を主導し、黄河と長江の間の地域については両者が統一戦線を展開するというものだった。

このため、華北の八路軍が国府の制約をほとんど受けることなく活動できたのに対して、華中・華南では中共が運営する新四軍と国府の正規軍や国民党系の忠義義勇軍との摩擦は避けられず、次第に、江蘇省北部では国共両軍の軍事衝突が頻発するようになった。

こうした状況の下で、一九四〇年十月十九日、蔣介石は、国民党政府正・副参謀総長の何応欽・白崇禧の名義で、黄河以南で交戦中の共産党軍（新四軍・八路軍）に対して一ヶ月以内に黄河以北へ移動するよう、朱徳と彭徳懐に命令。中共中央はこれを拒否する一方、当時の戦況にあわせて、戦力を長江以北に移動すると返答したが、一九四一年一月四日、新四軍九〇〇〇名が安徽省南部茂林を移動中、国民党軍八万人に包囲され、七日間の戦闘の後、二〇〇〇人以上が戦死し、四〇〇〇人余が捕虜となる皖南事変が発生した。

事件後、新四軍は沈毅を軍長代理として再編され、国共内戦も表向きは維持されたが、中共は事件を〝国民党・南京(汪兆銘)政府・在華日本軍の共謀による反共クーデター〟と大々的に宣伝し、〝安内攘外〟で抗日戦争に不熱心な国府に対して、中共こそが抗日戦争の主役であるとのイメージを中国国内のみならず国際的にも拡散させていった。

その意味では、この切手もまた抗日戦争を題材に、その真意としては蒋介石と国民党を攻撃する指桑罵槐(36ページ参照)の一つとみてよいだろう。

最後の切手には「反攻作戦を練る毛沢東と朱徳」が描かれている【図11】。

朱徳は清末の一八八六年、四川省儀隴の貧農の家庭に生まれ、辛亥革命には蔡鍔軍の歩兵中隊長として参加した。革命後は一時、四川省の弱小軍閥に堕したが、一九二二年、上海で孫文に会って改心し、

【図11】抗日戦争15周年記念切手より「反攻作戦を練る毛沢東と朱徳」

ドイツに渡り、ベルリンで周恩来に会い、中国共産党に入党した。

ドイツでは、マルクス主義を学んで革命運動に参加したため国外追放処分となり、一九二六年にソ連経由で年帰国し、北伐に参加。しかし、蒋介石の反共クーデターを機に国民党と決別して、一九二七年七月には人民解放軍の原点とされる南昌蜂起に参加した。南昌蜂起が失敗に終わると、江西、福建、廣東を転戦し、一九二八年五月、瑞金の中華ソヴィエト臨時政府に入り、毛沢東の下で紅軍第四軍を組

織し、紅軍総司令、中華ソヴィエト臨時政府軍事委員会主席を歴任。蒋介石の包囲討伐軍をたびたび撃破し、長征にも参加した。

抗日戦争中は八路軍総司令として華北各地を転戦して日本軍と戦い、第二次世界大戦後は、中国人民解放軍総指令として遼瀋、淮海、平津の三大戦役で国民党軍を壊滅させ、共産党の勝利を確実なものとした。

こうした実績から、朱徳は人民解放軍の〝建軍の父〟として尊敬を集め、一九四九年十月に中華人民共和国が建国されると、五名の政治局委員のうち、毛沢東に次ぐ序列二位（ちなみに、第三位が劉少奇、第四位が周恩来、第五位が任弼時である）に列せられ、毛沢東とともに〝朱毛〟と並び称された。一九五二年に台湾から香港宛に差し出された郵便物の封筒【図12】には、反中共のスローガンが入っているが、その一節には「殺朱毛（朱徳と毛沢東を殺せ）」の文言も入っており、逆説的に、朱徳の存在感の大きさがうかがえる。

【図12】1952年に台北から香港宛に差し出された封筒。「救国家（国家を救え） 救同胞（同胞を救え） 抗俄寇（ロシアの侵略に抵抗せよ） 殺朱毛（朱徳と毛沢東を殺せ）」のスローガンが印刷されている。

切手の図案は、一九四五年四月から六月にかけての〝中国共産党第七次全国代表大会（以下、七代大会）〟の際に徐肖冰が撮影した写真【図13】を基に制作された。前述のとおり、七代大会の中心的な議題は抗日戦争〝後〟の対応を協議することにあったから、実際にはこの写真で論じられていた〝反攻〟の相手は、日本よりも国府であったとみるのが自然であろう。

【図13】図11のもととなった写真

以上、一九五二年七月七日に中国で発行された〝抗日戦争十五周年〟の記念切手について概観したが、これらの切手にはいずれも〝日本軍〟の姿が描かれておらず、後年、中国が反日プロパガンダの中軸に据えるようになる〝南京事件〟をはじめ、戦跡や難民などの、被害体験を想起させる要素も排除されている。

抗日戦争終結後まもない一九四五年十二月に、中共支配下の晋察冀辺区で発行された抗戦勝利の切手（23ページ参照）が、八路軍に打倒される日本軍兵士を描くことで、勝利の喜びを表現する内容になっているのとは対照的である。

おそらく、晋察冀辺区の切手のように〝打倒される日本兵〟を描いてしまうと、悪いのは日本軍国主義の指導層であり、一般の日本軍兵士はむしろその被害者であるとする〝軍民二元論〟との齟齬が生じかねないため、切手に取り上げる題材の選択にも、日本の〝民〟を悪者にしないための慎重さが求められたということなのだろう。

第四章 以民促官（いみんそくかん）と梅蘭芳（メイランファン）

朝鮮とインドシナの休戦

一九五三年一月、米国でアイゼンハワー政権が発足し、二十年ぶりに民主党から共和党への政権交代が行われた。同年三月五日にはソ連の独裁者、スターリンが死亡し【図1】、後任の首相となったマレンコフは、フルシチョフ、ヴォロシーロフと共にトロイカ体制を形成する。

【図1】中国が発行したスターリン没後1周年の追悼切手

კომუნისტი

იოსებ ბესარიონის-ძე სტალინი

スターリンの死亡を伝えるジョージアの新聞記事

北朝鮮に国土を蹂躙された韓国の李承晩（りしょうばん）政権は、戦争の継続と北朝鮮国家の解体を主張していたが、アイゼンハワーが前年の大統領選挙で朝鮮戦争の早期休戦を訴えていたことに加え、金日成の南侵を容認したスターリンも亡くなったことで、韓国以外の当事国はいずれも休戦に向けて本格的に動き出し、一九五三年七月二十七日、米国（国連軍代表）と北朝鮮、中国の間で朝鮮戦争の休戦協定が結ばれた。

翌一九五四年七月二十一日にはインドシナ紛争に関してもジュネーヴ和平協定が結ばれ、ヴェトナムは北緯十七度線を軍事境界線として、ヴェトナム民主共和国（北ヴェトナム）とヴェトナム共和国（南ヴェトナム）に分断された。

　第二次大戦中、日本とフランス（親独ヴィシー政権）は互いに中立の関係にあり、仏領インドシナ（現在のヴェトナム、ラオス、カンボジアに相当）には日本軍が進駐したものの、その主権はフランスが維持していたが、戦争末期の一九四五年三月、日本軍は明号（めいごう）作戦を発動してインドシナ全域を軍事占領下に置いた。

　ところが、同年八月、日本軍が降伏し、九月二日、フランスに対して植民地解放闘争を戦ってきた越南独立同盟（ヴェトミン）はヴェトナム独立を宣言してハノイで蜂起。ホー・チ・ミンを国家主席とするヴェトナム民主共和国が樹立された。

ヴェトナム建国の父、ホー・チ・ミン

　これに対して、一九四五年九月、英国の支援を受けたフランス軍は、インドシナ半島に再上陸し、ヴェトミンと戦闘状態に突入。第一次インドシナ戦争が勃発した。

　当初、インドシナ戦争は国際共産主義運動と無関係に推移していた。東欧や北朝鮮の共産党政権が現地に進駐したソ連軍によって樹立されたのに対して、ヴェトミンの政権はほとんどソ連の支援を受けることなく、土着の共産主義政権として樹立されたからである。

　ところが、一九四九年十月に中華人民共和国が

1950年7月、アンナム沿岸に到着したフランス海兵隊。
（Mohamed ajjani）

成立し、翌一九五〇年六月に朝鮮戦争が勃発すると、インドシナ戦争も否応なしにアジアの冷戦構造に巻き込まれていく。

すなわち、朝鮮戦争勃発直前の一九五〇年五月、米国はフランスに対して一〇〇〇万ドルのインドシナ戦費の援助を開始。第一次インドシナ戦争が終結した一九五四年には、インドシナでのフランスの戦費の八割弱を負担するまでになっていた。その背景には、「インドシナが共産主義者の手に落ちれば、周辺諸国は連鎖的に共産化してしまうのではないか」とのドミノ理論の強迫観念があった。

一方、ヴェトナムの共産主義者たちにしても、戦況を好転させるためには、隣国となった中国の共産党政権の支援が必要だったから、一九五一年二月、インドシナ共産党がヴェトナム・ラオス・カンボジア三国の共産党に分割された際、新たに誕生したヴェトナム労働党の党規約には、マルクス・レーニン主義とならんで〝毛沢東思想〟が党の思想的基盤・行動の指針として掲げられ、彼らは自らを東南アジアにおける社会主義陣営の前進基地をして売り込んでいった。

結局、ヴェトナムの共産主義者は中共・ソ連の支援を受けて戦況を好転させ、一九五三年十一月に始まるディエンビエンフーの戦いに勝利を収めた。この結果、ヴェトナムの国土の四分の三がヴェトナム民主共和国の支配下に入り、共産主義者によるヴェトナム全土の〝解放〟が現

ディエンビエンフー勝利の記念切手

実味を帯びて語られるようになる。

もっとも、ヴェトナム民主共和国の最大のスポンサーであった中共は、ヴェトナムの共産主義者による〝最終勝利〟には否定的な立場であった。

中共にしてみれば、ヴェトナム全土が共産化することで米国が軍事介入するようなことがあれば、それはまさに朝鮮戦争の悪夢の再現に他ならない。特に、ようやく一九五三年七月に休戦したばかりの朝鮮戦争のダメージを癒しつつ、国内の社会主義建設を安定的に進めていくためには、中共の国境沿いに米軍が出現する可能性を排除し、安全保障を確保することが至上命題となっていた。このため、インドシナ半島を分割して、米国を刺激しない程度の〝北ヴェトナム〟という緩衝国をつくることこそ、中共にとってはベストとはいえなくともベターな選択となる。

一方、ヴェトナムにとっても、中ソ、特に中共の充分な支援が受けられないままに戦争を継続し、米国と対決するのは(少なくともこの時点では)自殺行為に他ならない。このため、二年後の一九五六年七月に南北統一のための選挙を行うという条件と引き換えに、彼らは停戦協定への調印を受け入れるしかなかった。

さらに、米国にしても、ジュネーヴ協定の結果、全世界規模で東西両陣営の〝縄張り〟が確定し、南ヴェトナムという緩衝国の存在によって、中共の勢力拡大を阻止する防衛戦が画定されたことは、それなりに歓迎すべきことであった。

このように、各国の思惑が交錯する中、一九五四年七月のジュネーヴ協定は中共のほぼ望むとおりの形で結ばれた。当時、中共は「インドシナ停戦の実現は中国外交の勝利」と喧伝していたが、その内実は、中共が自国の安全保障のために小国ヴェトナムに犠牲を強いた結果でしかなかった。

当時のヴェトナムの苦渋は切手にも影を落としている。【図2】の切手は、ジュネーヴ協定以前の一九五四年二月、ヴェトナム・ソ連・中共の〝三国友好月間（一九五〇年一月十八日に、中ソ両国がヴェトナム民主共和国を承認してから四周年になるのを記念して設定された）〟を記念するために発行されたもので、ホー・チ・ミンを中央に、左右にマレンコフと毛沢東の肖像を掲げ、背後には各国の国旗が描かれている。

【図2】北ヴェトナムが発行した“三国友好月間”の記念切手には、マレンコフ（ソ連首相）、ホー・チ・ミン（ヴェトナム国家主席）、毛沢東（中国国家主席）の肖像が並べて描かれた。

この切手では、中央のホー・チ・ミンの肖像は、正面ではなく右側、すなわち、毛沢東の方向を向いており、ホー・チ・ミン政権が、共産主義諸国の中でも、ソ連よりも最大スポンサーに傾斜しているような印象を見る者に与える。

【図3】ホー・チ・ミンの肖像を正面向きに改めた“三国友好月間”の切手

ところが、ジュネーヴ協定後の同年十月、北ヴェトナム郵政は、【図2】と同じモチーフで、ホー・チ・ミンの肖像を正面に向くように改めたもの【図3】を発行しており、北ヴェトナムは中ソ両国と等距離を保つ(=中共のみに傾斜しているわけではない)という意思が明確にされた。この変更には、明らかに、中共に対するヴェトナムの失望感が現れている。

以民促官とバンドン会議

こうした国際環境の変化に加え、一九五四年一月に発覚した造船疑獄で吉田茂内閣が国民の支持を失い、同年十二月十日、鳩山一郎内閣が発足するなど、日本国内の状況も大きく変化すると、中共は対日政策を根本的に見直すことになる。

すなわち、対米追従路線が明確だった吉田内閣に対して、鳩山内閣は対米自立志向が強いとの認識に基づき、鳩山内閣の成立と前後して「四段階の中日国交正常化の初期構想」がまとめられ、これを元に、一九五五年三月一日、周恩来(国務院総理兼外交部長)、張聞天(ちょうぶんてん)(外交部副部長【図4】)、王稼祥(おうかしょう)(中共対外連絡部長【図5】)らも関与して「中共中央の対日政策並びに対日活動方針及び計画について」と題する文書がまとめられた。

同文書は、日本の政権交代について分析したうえで、従来からの軍民二元論を進化させるかたちで、以下の対日政策の基本五原則がまとめられた。すなわち

①在日米軍の日本撤退、及び米軍基地の建設反対
②平等互恵原則に基づく中日関係の改善、また外交関係の段階的な正常化の実現
③中日両国人民の友好の促進
④日本政府に圧力をかけ、米国を孤立させて日本

【図4】張聞天

【図5】王稼祥

に対中政策を修正させる

⑤日本人民の反米と独立、平和、民主を求める運動に対して間接的影響を与えて、これを支持する

また、今後の課題としては、貿易の拡大、漁業問題の解決、文化・友好交流の強化、議会交流の進展、中国残留日本人問題と戦犯問題の解決、両国間の関係正常化の実現、対日宣伝世論工作の強化、などが挙げられていた。

この方針を実現する施策としては、〝米帝国主義〟と結びつく日本の〝反動政府〟に抵抗する〝(友好的な)日本人民〟を増やし、日本の対中友好団体などを通じて、彼らとの友好関係を強化し、勢力を徐々に拡大していくことから、〝以民促官(いみんそくかん)〟政策と呼ばれた。

共産中国には純粋な意味で(党や政府の統制とは無関係の)〝民間団体〟など存在する余地はないが、日本では政府に批判的な民間団体も自由な活動を認められており、有力政治家とのパイプを有している例も少なくない。もちろん、自由主義経済である以上、経済団体や企業は(法律に反しない限りにおいて)自分たちの利益を優先する自由が認められており、中国との取引拡大を望んだとしても、そのこと自体は処罰の対象になりえない。

中共の戦略は、そうした彼我のギャップを最大限に活用し、経済や文化などでの交流実績を積み重ね(〝積み上げ方式〟とも呼ばれた)、日本人自身の民意によって日本を〝中立化〟の方向に導こうというものであった。

その手始めとして、一九五五年三月、第三次日中民間貿易協定(第二次協定は一九五三年十月に締結)交渉のため、雷任民(対外貿易部副部長)を団長とする代表団を派遣。五月には、日中貿易促進議員連盟との間で、従前同様、往復三〇〇〇万ポンド、期間一

年のバーター貿易を内容とする協定が結ばれた。その際、日中接近に対する米国の懸念もあって実現はしなかったものの、外交官待遇の通商代表部の設置や、両国通貨による直接決済などについても議論された。それでも、同年十二月には、日中貿易を促進するとともに、日中貿易促進会、日中貿易促進議員連盟、日中国際貿易促進協会など、日中貿易の窓口となっていた既存の民間諸団体を一元化すべく、通産省の補助金で日中輸出入組合が設立されており、中国側の積み上げ方式は着実に実績をあげていた。

バンドン会議で演説する中国の周恩来首相。（時事通信社提供）

KONPERENSI ASIA-AFRIKA
APRIL 1955
15 SEN
REPUBLIK INDONESIA

【図6】バンドン会議に際して開催国のインドネシアが発行した記念切手

　この間、一九五五年四月にはインドネシアのバンドンでアジア・アフリカ会議（バンドン会議）が開催されたが【図6】、その席上、周恩来は日本の高碕達之助（経済審議庁長官）と会談し、日米関係を維持したままでも日中友好は可能であると発言したほか、同年九月には、国慶節（十月一日）祝賀のため、全国人民代表大会の招きで訪中した国会議員代表団（団長は自民党衆院議員の上林山栄吉（かんばやしやまえいきち））に対して、毛沢東も「歴史問題についても拘泥せず、将来こそが重要だ」、「国交正常化の早期実現を期待している」などと述べ、代表団は「国交正常化および貿易促進に関する共同声明」を採択して帰国している。

梅蘭芳の三度の来日公演

一方、文化交流としては、一九五六年五月二十六日から七月十七日にかけての梅蘭芳（メイランファン）【図7】の訪日公園が挙げられる。

【図7】梅蘭芳没後1周年にあわせて発行された“梅蘭芳舞台芸術”の切手のうち、梅の肖像を取り上げた4分切手

京劇・女形の名優として知られる梅蘭芳は、一八九四年、北京生まれ。祖父の梅巧玲（メイチアオリン）は〝同光十三絶（清の同治帝・光緒帝時代の十三大名優）〟の一人で、蘭芳も八歳で初舞台を踏んだ。

もともと、中国では観劇ではなく〝聴劇〟という語が使われるように、音曲を重視し、視覚的効果は軽視される傾向があったが、梅は日本の歌舞伎に近代演劇の技法が導入されていることに触発され、京劇の近代化を推進。一九一〇年代に、京劇の特徴である歌舞と新たにデザインした古雅な衣裳を織り交ぜた〝古装新戯（古代の服を着るが、芝居としては新しい）〟を創始した。

その革新的な試みは、梅自身の秀麗な容姿と演技力（一つの指の動作、一つの目の動きだけで、人物を演じ分けることができると称された）とも相まって大いに人気を博した。特に、一九一八年二月に中国銀行総裁に就任した馮耿光（ひょうこうこう）は、梅の熱心な支援者で、重要な客を自宅に招いて開くパーティーでは、必ず梅蘭芳を呼び、京劇の一節を歌わせていたという。

この馮を通じて早い時期から梅に注目していた日本人が、大倉喜八郎である。

大倉は、一八三七年、越後国北蒲原郡新発田（しばた）（現・

新潟県新発田市）生まれ。一八五四年に江戸に出て、幕末維新の動乱期に銃砲の取引で財を成し、維新後は新政府の御用商人として軍需品の調達・輸送、鉄道・建物関係の土木建設工事などで巨額の利益を得た。早くから貿易事業に着目し、一八七三年に大倉組商会を設立。翌一八七四年にはロンドンに支店を開設し、いち早く欧州との直貿易に乗り出し、次いで朝鮮との貿易にも進出した。東京電灯、帝国ホテルその他数多くの企業の設立・経営に参画するとともに、明治後半以降、中国大陸への投資に乗り出し、本渓湖煤鉄有限公司による炭鉱・鉄鉱山の経営と製鉄事業を中心に事業を拡大。一九一七年には、合名会社大倉組を持株会社とし、大倉商事、大倉土木（大成建設）、大倉鉱業を直系三社とするコンツェルン機構を形成した。

大倉は、一九一八年に北京を訪問した際、馮の招きで梅の京劇を見て以来、熱心な梅のファンとなり、自ら梅を訪ねて一ヵ月五万円（書状基本料金が現在の二八〇〇分の一であることから推定すると、現在の一億四〇〇〇万円に相当）という高額の出演料で日本公演を招請する。

1919年の訪日時の梅蘭芳（左端）。その右に大倉喜八郎と、舞台女優の田村嘉久子。（共同通信社提供）

大倉からの申し出を受けた梅は、一座の三十五人とともに一九一九年四月に来日。五月一日の帝国劇場（大倉の経営である）を皮切りに巡回公演を行った。公演に先立ち、大倉は政財界の要人に声をかけて梅の後援会を組織するともに、日本の各新聞に惜しみなく広告を打ち、当時の代表的な〝支那通〟たちが中国の伝統芸能や梅についての記事を数多く執筆するなど、周知宣伝にも抜かりがなかった。

帝国劇場での公演は日本の演目の間に梅の京劇を挟むという構成で、プログラムは『本朝廿四孝』（時代劇）、『五月の朝』（現代劇）、『呪』（アラビア古典劇）、梅の京劇、『新曲娘獅子』（浄瑠璃）という順番だった。日本側の演目は全日共通だったが、梅の演目は『天女散花』（五月一～五日【図8】）、『御碑亭』（六～八日）、『黛玉葬花』（九～十日）、『虹霓関 上』（十一日）、『貴妃酔酒』（十二日【図9】）となっていた。なお、公演日程は当初は五月一～十日だったが、好評につき、急遽二日間の追加公演が決定され、最終日の十二日には当時の首相、原敬も『貴妃酔酒』を観劇している。

当時の中国演劇界では公演期間中は毎日演目を変えるのが習わしだったが、日本ではそのやり方では商業ベースに乗らないことから、大倉は十日連続で彼自身がお気に入りだった『天女散花』を演じることを希望していた。そこで、両者の妥協として、前半の五日間は『天女散花』を、後半の五日間は『御碑亭』

【図8】“梅蘭芳舞台芸術”より『天女散花』

「天女散花」の天女役の衣装をまとった梅蘭芳の絵葉書

「貴妃酔酒」の貴妃役の衣装をまとった梅蘭芳の絵葉書

【図９】“梅蘭芳舞台芸術”より『貴妃酔酒』を取り上げた切手シート。中国切手の中でも発行枚数が少なく、綺麗な状態のものは価値が高いことでも知られている。

と『黛玉葬花』を演じることで決着した。

『天女散花』は、仏教の経典である『維摩経』「観衆生品」に取材した演目で、天女の百花仙子が菩薩や弟子たちに花を散らすと、煩悩を脱した菩薩の体からは花が離れたが、煩悩から離れていない弟子たちの体についた花は振り払うことができなかったという内容。天女に扮した梅蘭芳が、天から赤や白など色とりどりの花が降り注ぐ中、長い羽衣を翻し優雅に舞い踊る絢爛豪華なさまは各方面から激賞され、当時の日本の歌舞伎俳優にも大きな衝撃を与えたという。

梅の公演期間中、北京では第一次大戦後の講和条約の内容（ドイツに宣戦布告した中華民国は〝戦勝国〟であるにもかかわらず、山東省の旧ドイツ権益が中国側に返還されず、大戦中の既成事実をもとに日本に譲渡することが認められた）に不満を持つ北京の学生数千人がデモ行進を行い〝五四運動〟が発生した。前年の一九一八年には、日本が中国の袁世凱政権に「対華二十一ヶ条要求」を突きつけ、反日感情が昂揚していたこともあり、中国国内では梅に対して「世評を顧みない不遜」との批判もあったが、全体としては、京劇史上初の外国公演となった梅の日本公演は大成功を収めたと評価してよいだろう。

1923年9月1日、関東大震災による火災で猛火に包まれた帝国劇場（大正震災志写真帖／国立国会図書館）

　一九二三年に関東大震災が発生すると、梅は直ちに北京でチャリティー公演を行い、帝国劇場の修復に一万元を寄付する。

　翌一九二四年は、大倉が米寿を迎えることもあり、梅の集めた義援金で帝国劇場の修復工事が完成すると、同年十月から十一月にかけて、梅の二回目の日本公演が行われた。帝国劇場での公演は十月二十五日から十一月四日までの十一日間で、演目は『麻姑献寿』、『奇双会』、『審頭刺湯』(二回)、『貴妃酔酒』、『虹霓関 上』(二回)、『紅線伝』、『廉錦楓』、『御碑亭』、『黛玉葬花』であった。また、前回同様、公演は日本の演劇と同じ舞台でのオムニバス形式で行われ、震災復興のためのチャリティーという意味合いも付与された。

　また、この公演を機に、梅と歌舞伎界との交流も深まり、歌舞伎役者の十三世守田勘彌の申し出を受けて、一九二六年八月二十日には歌舞伎の北京公演も行われている。

　このように、梅は〝日中友好(当時の表現では日支親善）を象徴する文化人の一人となったが、このため、一九三一年に満洲事変が勃発すると、彼の立場も微妙なものとなった。これに対して、梅は積極的に〝抗日〟の立場を示すことで、自分と京劇の生き残りを図り、一九三二年には北京から上海に拠点を移して、『抗金兵』【図10】、『生死恨』【図11】などの新作を発表した。

このうち、『抗金兵』は、一人で一万人に匹敵するということから〝万人敵〟と称された宋代の武将、韓世忠が金軍にとらわれた際、妻の梁紅玉が自ら兵をひきい、太鼓を叩いて味方を鼓舞しながら、夫を救出するという内容で、一九三三年、上海天蟾劇場で初演された。

一方、『生死恨』は、明代の伝奇「易鮭記」を原作とした京劇『易鮭記』を改変したもの。北宋末、金の将軍・張万戸の奴隷となった主人公・韓玉娘は奴隷同士で結婚させられ、その後、夫とも生き別れにさせられた。やがて宋軍が勝利し、出世した夫が彼女を探し当てた

1930年、渡米の途中に来日し、東京駅で歌舞伎役者の守田勘彌（右）と握手する梅蘭芳。（共同通信社提供）

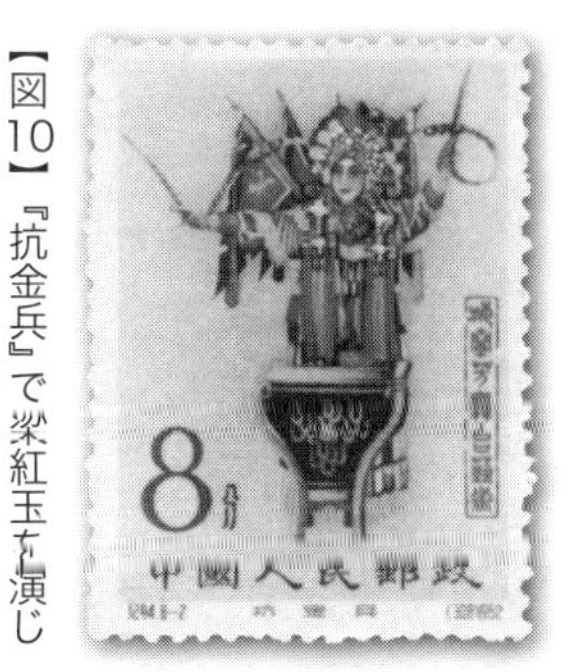

【図10】『抗金兵』で梁紅玉を演じる梅を取り上げた切手

【図11】『生死恨』で韓玉娘を演じる梅を取り上げた切手

が、その時すでに彼女は死の床についており、夫の前で亡くなる。『抗金兵』と同じく上海天蟾劇場で初演されたが、その日付は、奇しくも日本で二二六事件が起きた一九三六年二月二十六日のことであった。

二つの演目はいずれも、〝異民族の侵略者〟に対する〝漢人〟の抵抗を題材にしたもので、当時の社会状況の中では、観客は敵役の金軍からおのずと日本軍を連想し、抗日の世論を盛り上げる効果が期待されていた。

さらに、一九三七年七月に支那事変が勃発すると、一九三八年、梅は香港公演を機に香港に拠点を移す。一九四一年十二月の日英開戦を経て香港が日本軍に占領されると上海に戻り、舞台に立つことを拒否して隠棲した。この間、日本軍占領当局から舞台に立つよう強く求められたが、ひげを蓄えることで「(女形としての)演技不能」と応じている。

一九四五年八月、日本のポツダム宣言受諾が報じられると、すぐに髭を剃り落として同年十月には舞台に復帰。一九四八年には上海聯華三廠(れんかさんしょう)で映画『生死恨』を撮影するなど、この頃の梅には、かつての〝日支親善の象徴〟ではなく、日本に屈しなかった硬骨漢というイメージがすっかり定着していた。

国共内戦末期の一九四九年一月一日、中共は北平(ほくへい)(現北京)を実質的に制圧し、中国人民解放軍北平市軍事管制委員会(軍管会)を設立するとともに、北平市郊外に北平市人民政府を成立させた。これに伴い、抗日戦争と国共内戦で各地に避難していた文芸界の多くが北平に戻ってきたことを受けて、三月三日には、華北人民政府文化芸術工作委員会と華北文芸界協会(華北文協)が北京飯店で文芸界茶話会が開かれた。

茶話会では周揚(しゅうよう)(抗日戦争中、〝国防文学〟を提唱した左翼系の作家で、中共の延安(えんあん)大学学長、魯迅芸術学院長などを務めた）が華北文化芸術工作委員会主任委員として、工作委員会と華北文協を代表して発言し、「解放区では、文芸は自覚的に政治に従い政治を反映するものである。超政治と称するような文芸は存在しない。文芸工作者は人民大衆の生活を熟知しなければならないし、同時に共産党と人民政府の多方面にわたる政策にも通じていなければならない。この両者は不可分である」と述べ、「文芸界が一致団結して反帝、反封建、反官僚資本主義の新中国を建設するためにともに闘い、新中国の文芸事業を確立するためにともに奮闘することを希望する」と呼びかけた。

以後、中共は文化人の統制・組織化を進め、一九四九年七月二日から十九日まで北平で開催された第一次全国文学芸術工作者代表大会（文代会）には、文学、演劇、映画、音楽、美術、舞踏などの代表が出席した。出席者の四割は演劇界代表だったが、これは、当時の中国社会がいまだ識字率が高くなかったことを踏まえて演劇活動が重視されたためで、梅も京劇界の代表として文代会に参加している。

文代会では、毛沢東の文芸方針が卓越した正しいものであること、文芸は広範な人民大衆・労働者・農民・兵士と結びつくこと、人民大衆に学んでこそ人民大衆を教育することができることなどが大会宣言として採択され、そのまま中華人民共和国成立後の文芸政策の基本方針となった。

こうして、共産中国の体制の一翼を担うことになった梅は、中華人民共和国成立直前の一九四九年九月二十一日、新国家の最高権力機関としての職権を代行する組織として〝中国人民政治協商会議〟第一回全体会議【図12／次ページ】が開催されると、九月二十一日付でその常務委員に任命され、翌十月一日、中華人民共和国および中央人民政府創立式典に参加する。

【図12】政治協商会議第1回全体会議の記念切手。同会議では、①毛沢東を中央人民政府主席に選出、②北平を北京と改名して首都とする、③西暦を採用する、④10月1日を国慶節とする、⑤（仮の）国歌は『義勇軍進行曲』とする、⑥国旗は五星紅旗とする、など、中華人民共和国の根幹にかかわる諸事項が決められた。

現在は記念館になっている、北京市の梅蘭芳の邸宅
（genjoe/photolibrary）

さらに、一九五一年四月には中国演劇研究院院長に任命され、同年七月、上海から北京に移住して党が用意した護国寺街一号（現・梅蘭芳記念館）の邸宅に移住した。

その後も、梅は〝現代中国を代表する世界的な芸術家〟として新中国の体制で優遇され、中国演劇家協会副主席（一九五三年）、第一回全国人民代表（一九五四年）、中国京劇院院長（一九五五年）などを歴任した。

〝日支親善の象徴〟という過去のイメージをすっかり払拭したかに見えた梅だったが、中共は決して彼の過去を忘れたわけではなかった。むしろ、軍民二元論と以民促官という対日政策のコマとして、かつての日支親善の象徴が、共産主義体制に奉仕しているという構図は、きわめて使い勝手の良いものだった。

かくして、対米自立を志向していた（と中国側は認識していた）鳩山政権下の一九五六年五月末から七月半ばにかけて、梅は周恩来の命を受けて三回目の日本公演を行う。

〝親日派〟の過去を封印していた梅は、当初、日本公演には乗り気ではなかったが、周は次のように語って梅を説得したという。

――日本軍国主義による侵略の被害を受けたのは、中国人民だけでなく、日本人民も苦しめられたのです。今度の訪日公演は日本人民のためであり、中日両国人民の友情を発展させるためです。両国人民が末永く友好的に付き合っていけば、あのような悲劇の再発も防げるのです――

この周の言葉は、まさに軍民二元論のロジックそのままである。

一方、日本国内での梅のイメージは、戦前の〝日支親善の象徴〟のままほとんど変化していなかったが、抗日の硬骨漢にして共産中国の幹部演劇人というイメージを隠すかのように、今回の訪日の際には、〝親日家〟のイメージを増幅すべく、一九二四年の二回目の来日公演の際の今井医師とのエピソードが盛んに報じられた。

一九二四年の来日公演時、急に体調不良となった梅は、日本人の今井医師の診療を受けて全快したが、今井は診療の謝礼を決して受け取らなかった。そこで、梅は代わりに今井の好きな品を訊き、「景泰藍（七宝焼き）のカフスボタン（カフリンクス）」という返事を得たため、次回の来日時には今井を訪ねてカフリンクスを手渡すつもりだったが、戦争のために今井と連絡が取れなくなっていたところ、一九五六年にようやく三度目の来日を果たした。しかし、今井本人は戦時中の一九四二年に亡くなっていたため、梅は今井の遺族宅を訪ね、霊前に額づいて持参したカフリンクスを供えたという。

本書の読者であれば、このエピソードは、まさに、中国の〝友〟であった良心的な日本人が〝日本軍国主義〟による戦争の犠牲となったが、中国の人民は現在なお個人的な友情と恩義を忘れずにいるという、〝軍民二元論〟のフォーマットに沿った美談であることに、すぐに思い至るであろう。

こうしたこともあって、八十数人からなる梅の京劇団は行く先々で大歓迎を受け、公演は大きな成功を収め、特に、『貴妃酔酒』での円熟した名演は絶賛された。

32年ぶりの京劇公演。東京中央区の歌舞伎座で、「貴妃酔酒」の楊玉環を演ずる梅蘭芳(中央)。　(毎日新聞社提供)

また、一九五五年には東京放送(現ＴＢＳテレビ)のテレビ放送が始まり、日本のテレビ放送はＮＨＫ、日本テレビとの三局体制になり、その後も続々とテレビ局の新規開局が相次いだことから、梅の舞台中継・録画は放送コンテンツとして繰り返し再放送され、多く日本人に梅蘭芳の名が定着していく。さらに、三回目の来日の際も梅は歌舞伎界と積極的に交流したことで、芸能界における〝親中派〟も増加した。

こうして、一九五六年の梅蘭芳の三度目の来日公演は、以民促官戦略に基づく文化交流として大成功を収めた。その功に報い、なおかつ梅の〝親日派〟イメージを払拭すべく、一九五九年、中国共産党は梅に入党資格を与え、梅は晴れて共産党員となった。

なお、梅が心臓病により、北京で六十六年の生涯を閉じるのは、その二年後、一九六一年のことであった。

梅の死から一年後の一九六二年八月八日に発行された〝梅蘭芳舞台芸術〟の切手については、本書でもその一部を紹介したが、八種および切手シートで構成されたセットには、戦前〝日支親善の象徴〟としてもてはやされた時代の『天女散花』と抗日戦争期の『抗金兵』、『生死恨』、戦後の日本公演で名演を激賞された『貴妃酔酒』が含まれている。このことは、梅の生涯と彼の生きた時代を考えるうえで、きわめて示唆に富む選択と言ってよいだろう。

日本の国連加盟とモンゴル問題

【図13】日本の国連加盟の記念切手。加盟決定後から制作が開始されたため、切手の発行は1957年３月８日にずれ込んだ。

一九五四～五六年の鳩山一郎内閣の外交上の業績としては、一九五六年十月の日ソ国交回復と同年十二月の国連加盟【図13】が挙げられることが多い。日本の国連加盟がソ連の反対によってなかなか実現しなかったことは広く知られているが、その一方で、モンゴル問題との関連で、〝中国〟の代表権を有していた国府も、日本の国連加盟の障碍になっていたことは意外と知られていない。

一九五二年四月二十八日の講和条約発効を受けて、六月十六日、日本政府は正式に国連への加盟申請書を国連事務総長に提出し、ソ連など共産圏の五ヵ国を除く国連加盟諸国（五十五ヵ国）に対して申請支持を求める申し入れを行った。

一方、同年九月二日の安保理では、ソ連が日本を除く加盟申請国の一括加盟を提案したが、これは八日に否決され、十二日には日本の単独加盟申請を審議することが決定された。これに対しては十ヵ国が賛成したが、十八日の採決ではソ連が拒否権を行使したことにより否決された。

　一九五三年三月にスターリンが亡くなり、ソ連の対外姿勢が宥和路線に転じると、同年九月から開催された第八回国連総会では、各国代表が日本の加盟問題について言及し、日本の加盟に反対していたソ連のヤコフ・マリク代表も態度を軟化させた。

　これを受けて、一九五四年四月、日本は米国に対して共産主義諸国を含めた一括加盟案を受入れる可能性を示唆したが、米国は一括案には応じられないと日本を突き放した。

　翌一九五五年四月、インドネシアのバンドンでアジア・アフリカ会議(AA会議/101ページ参照)が開催され、その最終コミュニケにおいて、AA諸国のうち日本その他の国連未加盟国に関する加盟促進が決議された。また、六月にサンフランシスコで開かれた国連創設十周年記念総会でも、AA会議参加国を中心とする二十九ヵ国が祝賀演説に加盟問題の解決を盛り込み、うち五ヵ国は日本にも言及した。

　これを受けて、同年九月二十日に始まった第十回国連総会では、多くの国が一般演説で新規加盟問題に言及するなど、問題解決の気運が高まりつつあった。これを受けて、ソ連は、加盟問題の打開策として、西欧諸国に共産圏諸国とモンゴル(当時は日本との国交もなかった)を加えた十六ヵ国の一括加盟案を提示する。ただし、同案には日本は含まれておらず、ソ連は日本側に対

バンドン会議の会場となった建物。現在は、アジア・アフリカ会議博物館として公開されている。

し、加盟のためには日ソ国交正常化が先決であると言明した。一方、米国は、以前として一括加盟には応じられないとの態度を維持していた。

そこで、カナダが、米ソの融和と国連の普遍的な加盟をともに満たす案として、ソ連案に日本とスペインを合わせた〝十八国一括加盟案〟を提議したが、米ソは共にこれを拒否した。

日本はカナダの提案した〝十八国案〟による加盟実現を目指していたが、米国は十八ヵ国のうちモンゴルを除く十七ヵ国の加盟を支持する、との声明を発表してソ連を牽制。当然のことながら、ソ連はこれに反発し、十八ヵ国が例外なく加盟すべき立場を堅持すると宣言した。

さらに、モンゴル問題に関しては、〝中国〟としての国連の代表権を維持していた国府の意向も問題であった。

一九四五年の中ソ友好同盟条約により、一九四六年一月、国府はモンゴルの独立をいったんは承認した。しかし、その後の国共内戦においてソ連が中共を支援したため、台北遷都後の一九五三年、国府は中ソ友好同盟条約を正式に破棄し、それと同時にモンゴルの独立承認も白紙に戻していた。

一方、一九四九年十月一日に建国を宣言した中華人民共和国は、対ソ関係を考慮し、建国早々の同年十月十六日、モンゴルと国交を樹立した。

2019年10月16日にモンゴルが発行した「中国との国交樹立70周年」記念切手

このため、モンゴルが独立国として国連への加盟が認められることは、（モンゴルを認めない）国府ではなく、（モンゴルを承認した）中共こそが外交上の正統性を持つということになりかねない。そうなれば、〝中国〟としての国連の代表権をめぐる中共との外交戦において、国府は大きなダメージを蒙ることになる。

したがって、〝十八国提案〟に関しても、国府はモンゴル国家の独立そのものを認めないという前提に立ち、国連加盟は絶対に認めないとの態度を崩すことはできなかったのである。【図14】

【図14】1956年に台湾が発行した“郵政60周年”の記念切手は、中央に“大陸反攻”の文字を配した中華民国の地図を描いているが、この地図ではモンゴルも中国領となっている。

こうした状況の下で、一九五五年十一月十六日、カナダをはじめとする二十五ヵ国が〝十八国一括加盟案〟を国連総会に提出した。

国府との同盟関係から、米国はモンゴルを除く十七ヵ国の加盟には賛成という姿勢を堅持していたが、同案での国連加盟を目指す日本は米国を説得し、米国もモンゴルに関しては棄権で対応することで応じることで妥協が成立した。

ところが、国府はあくまでもモンゴルの加盟には反対との立場を譲らず、十一月二十九日、〝十八国提案〟が採決された場合、モンゴルに対する拒否権を行使すると発表した。このため、日本は国府に対して、東京・台北・国連代表部においてそれぞれ拒否権放棄を要請したが、国府は応じなかった。そこで、米国を通じて拒否権放棄に向けた善処を申し入れ、アイゼンハワー米大統領が蔣介石総統宛の親書で翻意を促したが、蔣介石は受け入れられないと回答する。さらに、翌十二月に開催された総会アドホック（臨時）委員会で加盟問題が審議された際、アイゼンハワーはあらためて蔣に翻意を促す親書を送ったが、蔣は再度拒否している。

結局、〝十八国一括加盟案〟は十二月七日の特別委員会、翌八日の総会で賛成多数（米国は棄権）により採択された。しかし、国府はあくまでも反対の姿勢を貫き、十二月十三日の安保理での〝一八国加盟案〟表決では中国（国府）がモンゴルに対して拒否権を行使。さらに、ソ連も自由陣営十三ヵ国に対して拒否権を連発したため、同案は否決されてしまった。

このため、翌十四日、ソ連は急遽安保理の開催を要求し、問題解決策として、日本とモンゴルを除く十六ヵ国加盟案を提示。その際、日本の加盟については反対ではないので次回総会まで延期するに過ぎないと説明し、一括加盟候補国の救済を優先する各国の心理をついて同案を採択させた。これに対して、英国はなるべく早期に日本が加盟すべきと主張。各国代表も日本とモンゴルをパッケージにすることの不条理を指摘している。

一連の経緯を通じて、日本はソ連が求める国交正常化が達せられない限り、ソ連は日本とモンゴルのパッケージという提案を取り下げず、その結果として、国府は中国代表権問題との関連で日本の加盟にも賛成できないということが明らかになった。

そこで、一九五六年に入るとソ連との国交正常化を優先させるとともに、日本の加盟がモンゴル等の加盟や中国代表権問題に関連させられないよう配慮し、単独無条件加盟を推進することとされた。その結果、一九五六年十月一九日、日ソ交渉が妥結し、日ソ共同宣言が調印され、同宣言においてソ連は日本の国連加盟申請を支持することが明記された。

これと並行して、ソ連との国交回復により、日本の国連加盟に反対論が出るなど関係悪化が懸念された国府に対して、日本側は国民政府支持が変わらないことを説明し、理解を求めた。

その結果、十二月十二日（日ソ共同宣言の批准書交換と同日）の安保理では、日本の加盟が審議され、全会一致で採択。続く十八日の総会でも、五十一ヵ国の共同提案による日本の単独加盟案が全会一致（欠席の南アフリカとハンガリーを除く七十七ヵ国）で可決され、日本の国連加盟が実現する。

【図15】1961年10月の国連加盟を記念して、1962年にモンゴルが発行した切手

ちなみに、モンゴルは一九六一年十月二十七日に国連に加盟したが【図15】、上述のような事情から、わが国との国交樹立は日中国交正常化（＝国府との断交）直前の一九七二年二月までずれ込んでいる【図16】。

【図16】日本との国交樹立40周年を記念して2012年にモンゴルが発行した切手シート

第五章
タブーだった五星紅旗(ごせいこうき)

岸信介内閣の発足

一九五六年の国連加盟を花道に鳩山一郎内閣は退陣し、石橋湛山(たんざん)【図1】が後継の首相となった。

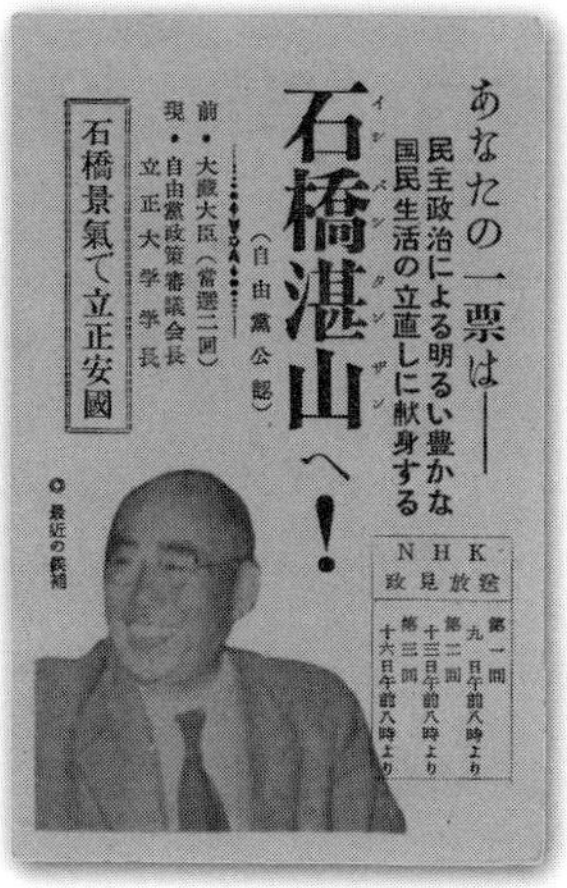

▶【図1】石橋湛山。1954年の衆議院選挙時の選挙葉書

▲【図2】ダレス

石橋は早くから中ソとの国交回復を主張しており、米国務長官のジョン・フォスター・ダレス【図2】が鳩山に対して「中共、ソ連との通商関係促進は米国政府の対日援助計画に支障をきたす」と通告してきた際、動揺する鳩山に「米国の意向は無視しましょう」と言い放った人物である。

鳩山退陣後の自民党総裁選では、反共・親米路線を強調する岸信介に対して、石橋は中国など他の共産圏とも国交正常化することを主張。総裁選の第一回投票では岸が一位だったが、石井光次郎と二位・三位連合を組んだ決選投票では石橋が七票差で競り勝って当選し、一九五六年十二月二十三日、内閣総理大臣に指名された。

米国は〝親中派〟の石橋政権が誕生したことを憂慮し、「党内融和のために決選投票で対立した岸を石橋内閣の副総理として処遇すべき」との立場を取っていたため、米国への配慮から、石橋内閣の副総理には、石井ではなく、岸が就任した。

石橋は鳩山路線の継承を掲げ、外交面では、日中貿易を促進する世界平和の確立などを掲げたが、一九五七年一月二十五日、脳梗塞で倒れ、二ヵ月の絶対安静が必要との医師の診断を受け、わずか六十五日で退陣。後任の首相には岸が任命され、居抜き内閣として第一次岸内閣が誕生した。

1957年6月3日、台北市士林の官邸で東南アジア諸国歴訪中の岸信介首相(中央)と歓談する蒋介石夫妻。
(https://filmlanguage00.wordpress.com/)

岸は、内閣発足後まもない最初の大仕事として、一九五七年五月二十日、戦後の首相として初めての東南アジア諸国歴訪に出発した。訪問先は、ビルマ、インド、パキスタン、セイロン、タイで、その帰途の六月二日、台湾を訪問。蔣介石と会談して国府との関係強化を提唱し、蔣介石の呼号していた大陸反攻政策への支持を表明するとともに、六月四日、行政院長(首相に相当)の兪鴻鈞との共同声明で「アジアにおいて自由を確保するためには、自由世界の団結を昂揚させなければならぬとするのが両国の指導者の共通の見解であった」と強調した。

これに対して、一九五七年九月、台湾総統府秘書長の張群が蔣介石総統の特使として日本を訪問し、日台での共同反共を呼びかけた。ただし、岸内閣は共産中国を敵視する一方で、対中貿易は拡大したいという〝政経分離〟が本音だったから、両者の間には微妙な齟齬があった。

一方、中共側は「政経不可分の原則」の立場から、岸政権を激しく批判。七月二十五日、周恩来は岸が国府の「大陸反攻」を支持したことを「六億の中国人民を公然と敵視していることの現れである」と糾弾した。また、七月三十日付の『人民日報』の「社説」は「岸信介首相は新中国を敵視し、中日友好関係を破壊、米国の政策に追随する危険な道に日本を導こうとしている」と批判した。

さらに、名古屋、福岡で開催予定であった商品展覧会における指紋問題が発生する。

当時の日本の入管制度では、滞日期間が六十日を超える中国人（名古屋と福岡で開催の物産展の双方に参加するスタッフの多くが該当した）は指紋登録に応じる必要があったが、中共側は、これを自国に対する侮辱であるとして、応じない姿勢を見せた。こうした状況の下で、一九五七年九月十七日、日本の通商使節団が訪中し、第四次日中民間貿易協定交渉が開始されたが、交渉は早々に暗礁に乗り上げてしまう。

社会党の左右統一と中共

このように、日中関係は緊張したが、中共はこのことをもって日本との関係を断絶しようとしていたわけではなく、むしろ、従来からの以民促官の流れで、当時勢いのあった日本社会党を取り込むことで、日本の反米世論を煽り、日本の〝中立化〟を促そうと考えていた。

一九五一年の講和条約への対応をめぐり、旧日本社会党は条約賛成の右派社会党と反対の左派社会党に分裂し（ただし、左右両派ともに公式には〝日本社会党〟を名乗っていた）、安保政策をめぐって激しく対立していた。分裂後の両派は、当初、いずれも、朝鮮戦争への中共の介入を批難する国連決議を支持し、中共と国府への国家承認は先延ばしにすべきだという立場を取っていた。

ところが、一九五四年十月に訪中した左右合同使節団は、①中国人民は本質的に平和的であって、経済建設に集中するために平和共存を望んでいる、②台湾問題について中国に返還する原則に基づき解決すべきである、③日中相互不可侵条約を締結すべきである、との報告書を党中央執行委員会に提出し、従来からの党の公式路線とは異なる立場を表明した。

こうした旧社会党の変化に着目した中共は、一九五四年十二月二十七日に社会党左派・右派が発表した「中ソ両国との関係を正常化すべき」との内容を盛り込んだ共同選挙宣言に対して、同三十日、ただちに歓迎の意を表した。ただし、この時点での社会党は、国際社会の大勢が中共と国府という〝二つの中国〟を容認すべきという論調であったこともあり、日本は中共との関係正常化交渉を速やかに開始すべきだと主張する一方、国府との関係も現状維持を継続していくべきだという微温的な立場を取っていた。

一九五五年十月十三日、左右両派社会党の再統一により〝日本社会党〟が復活すると、同二十二日、周恩来は政治協商会議で「最近の時局の問題について（関於目前時局問題）」と題する演説を行う。

演説では、「社会主義陣営と資本主義陣営の対立は依然として存在している」

1955年10月13日、左右両派社会党は、東京・神田の共立講堂で開催された統一大会で合同を宣言。4年間の分裂に終止符を打った。（朝日新聞社提供）

とした上で、「日本は極東地域の平和に決定的役割を有しているため、日本への働きかけを真剣に行わなければならず」、具体的には「日本における親米的勢力を非難し、軍国主義の復活を警戒しながら、日本人民および日本政界の親中国勢力を支持し」なければならないと表明し、日本の親中勢力との連携を強める方針を明らかにした。前章で述べた梅蘭芳の日本公演(一九五六年)もこの文脈に沿って〝日本人民および日本政界の親中国勢力〟にアピールするためのものだった。

中共の認識では、日本にはすでに〝中国に友好的な勢力〟が存在しているから、彼らの運動を突破口とすれば、世界各地から米軍基地を撤退させることは可能かもしれない、そのためには、日本の野党勢力、特に、左右統一によって一大勢力となった日本社会党は最大限に活用すべきということになる。特に、一九五一～五五年、中ソの叱責を受け、武装闘争路線を採用した日本共産党が、結果的に国民の支持を失い、勢力を大幅に減退させた後では、最大野党としての社会党の利用価値は否が応でも高まっていた。

一九五六年の日ソ国交回復後、社会党は直ちに日中国交回復運動を開始するが、そうした状況の中で、一九五七年一月十六日、親中派の左派政党で一九四八年に旧社会党から分派した労働者農民党(労農党)が解党して社会党に合流する。ちなみに、労農党の党首、黒田寿男(ひさお)は毛沢東への尊敬から党首としての肩書を〝主席〟としていたほどの人物で、毛沢東の他、周恩来や鄧小平とも個人的なパイプがあったとされている。

はたして、労農党の合流と前後して、社会党内左派が「国民党政権との断交」、「中国との関係正常化」

をさかんに主張するようになる。そして、一九五七年の一月の党大会では、①中国との関係回復を促進すること、②二つの中国を承認しないこと、という「対中外交決議」が採択された。

これに対して、中共メディア（当然のことながら、政府の統制下にある）は、「中日両国関係正常化問題において、日本社会党はすでに自らの主張を明確にした。すなわち、台湾問題は中国の内政問題であり、いわゆる〝二つの中国〟を認めない。この日本社会党の立場は中日両国人民の利益になるものである。この立場が日本政府に受け入れられるならば、国交回復の実現は早まるであろう」という趣旨の論説を掲載し、社会党支持の立場を明らかにした。

中ソ同盟は解消される？

こうした経緯を経て、一九五七年四月、社会党は第一回訪中使節団を派遣。十五日には周恩来と会見する。

「周恩来総理による日本社会党の中国訪問親善使節団との接見の際の談話の記録」によると、周は訪中団に対して以下のような認識を示したという。

◆

日本は米国の半占領状態にある。米国は日本全土に軍事基地を敷き詰めることで、中国を脅かしている。日米安全保障条約によって米軍基地が固定化され、日本国民はその被害を受け、中国は脅かされている。…（中略）…このような状況が変わるならば、すなわち米国が在日米軍基地及び対日不平等条約をやめ、日本を完全な独立国家にすることができれば、中国は集団安全体制の設立に賛成する。…（中略）…中ソ同盟条約の最終的な目的は、日本軍国主義の復活を防ぐことと、軍国主義が他人に利用されるのを防ぐことにある。現実的には主に〝利用〟されることと、はっきり言えば米国（に利用されること）である。この問題が存在しなければ、目標も変わってくる。

◆

さらに、二十一日には毛沢東も訪中団と会見し、以下のように述べて、中国は中ソ同盟を改定し、日本と相互不可侵条約を締結する意思があると説明している。

◆

我々は相互不可侵条約を締結することができる。それは日本が米国から完全に独立し、軍国主義がもはや復活できず、利用されることもなくなり、侵略の脅威がなくなれば、の話だ。日本が中国と相互不可侵・友好条約を結べば、その時は中ソ友好同盟相互援助条約の軍事項目も修正できる。なぜならば、その目的はすでに失われたことになるからだ。

毛と周の発言からは、中共の対社会党政策の最大の眼目は対米関係にあったと理解できる。その一方、毛と周が中ソ同盟を解消する可能性について言及している点も興味深い。

一九四九年の中華人民共和国建国当初、毛沢東は「向ソ一辺倒」を打ち出し、中ソ同盟条約を調印した。抗日戦争に続き、国府との血みどろの内戦を戦った中共にとって、米国の中国封じ込め政策に対抗するためには、軍事的にも経済的にもソ連の支援が必要であり、社会主義陣営の有力メンバーという金看板は対外的にも重要な意味を持っていたからだ。

もっとも、自称四〇〇〇年の文化的伝統を誇る中国人にとって、建前の上ではソ連を〝兄〟として尊重していたものの、本音の部分では、ソ連から〝弟〟扱いされることは耐えがたいことでもあった。また、一九五〇年六月に始まる朝鮮戦争は、一九五〇年十月に中共が人民志願軍を派遣したことで、実質的に米中戦争として展開された。朝鮮戦争への参戦は中共に多大な犠牲を強いるものだったが、同時に、犠牲を厭わず〝米帝国主義〟と戦った中共に対する、社会主義陣営内の評価を高める結果をもたらした。実際、一九五三年一月、全世界の社会主義者たちの〝首領〟として君臨してきたスターリンが亡くなると、中共は次第にソ連との対等の立場を目指すようになる。

【図3】第一次五ヵ年計画の宣伝切手より、「冶金」(右)と「電力」(左)

もっとも、スターリンの死後数年間、中ソ関係は良好だった。中共は一九五三年から一九五四年にかけて第一次五ヵ年計画を策定してソ連の経済モデルに倣った社会主義建設を目指し【図3】、ソ連も中共の戦後復興を支援していたからである。【図4】

【図4】中ソ関係が良好だった時代を反映して発行された、中ソ同盟条約5周年の切手。8分切手(右)には毛主席とスターリン、20分切手(左)にはソ連の技術者と中国人労働者が描かれている。

ところが、一九五六年二月のソ連共産党第二十回大会【図5】で、ソ連共産党書記長のニキータ・フルシチョフが、「個人崇拝とその結果について」と題する秘密報告を行い、ス

【図5】フルシチョフによるスターリン批判が行われた、ソ連共産党第20回大会の記念切手

ターリン時代の独裁や粛清の実態が暴露され、その原因としてスターリンに対する個人崇拝が批判された。また、同報告と前後して、スターリン時代の思想や政策が批判され、ソ連は西側との平和共存を志向するようになる。

しかし、ソ連の路線転換は、中共の目には〝修正主義者〟による変節としか映らなかった。中共にとって、わずか三年前まで米軍と直接刃を交えた体験は生々しく、さらに、北朝鮮や北ヴェトナムが東西冷戦の最前線で米軍と対峙している状況の中では、西側、特に米国に対する宥和姿勢などありえなかったからだ。

フルシチョフ報告を受け、一九五六年三月十五日の中国共産党書記局会議および、同十九日の党拡大政治局会議で、毛沢東は「スターリンは七分の正しさ、三分の誤り（七分功、三分過。なお、毛の死後、彼に対する中共の公式評価も同じになる）」とし、四月五日付の『人民日報』に掲載された論説「プロレタリアート独裁の歴史的経験について」では、スターリンを〝真のレーニン主義者〟としたうえで、フルシチョフ報告におけるスターリンの全面否定を批判した。ただし、個人崇拝がソ連との関係を損なう可能性も考慮し、同年九月の中国共産党第八回大会では、党綱領から「毛沢東思想」の言葉が削除され、党中央政治局による集団指導と法の支配が打ちだされた。

また、この間の一九五六年五月二日、毛沢東は最高国務会議で「共産党への批判を歓迎する」として、〝百花斉放百家争鳴（多彩な文化を開花させ、多様な意見を論争する【図6】）〟を提唱した（ただし、実際に中共に対する批判が彼らの想定以上に激しくなってくると、一九五七年六月、毛は〝反右派闘争〟を発動して批判を封じ込めたが…）。

ところが、一九五六年十月にハンガリーで民主化を求める〝一九五六年革命（いわゆるハンガリー動乱【図7、8】）〟が発生する。

【図6】1960年7月30日に発行された「中国文芸工作者第3回代表大会」の記念切手の1枚には“百花斉放百家争鳴”の文言が入っている。ただし、切手の発行時点で、百花斉放百家争鳴は既に死文化しており、中共を批判する“自由”は事実上存在していなかった

【図7】ハンガリー1956年革命の最中、北西部のショプロンで反政府勢力が「祖国に対して毅然たれ」のスローガンを加刷した切手

【図8】ハンガリー1956年革命40周年の切手シート。切手部分の中央にはナジの姿も見える。

第二次大戦後、ソ連の衛星国となっていたハンガリーでは、フルシチョフによるスターリン批判の後、改革派のナジ・イムレが首相となり、経済改革を試みたが、スターリンに忠実だったラーコシ・マーチャーシュは勤労者党（共産党）書記長の座に留まり、一九五五年にナジを追放した。そのラーコシも一九五六年七月にソ連の圧力で権力の座を追われたが、後継書記長にはラーコシ以上に強硬なスターリン主義者のゲレー・エルネーが就任。このため、ナジの失脚とスターリン主義者の復活への反発から、首都ブダペストでは、一九五六年年十月二三日、市民の大規模デモが発生し、ハンガリー全土に波及した。

当初、ソ連は懐柔策としてナジを復権させたが、ナジが複数政党制の導入と(=共産党一党独裁の否定)ハンガリーの中立国化(=ワルシャワ条約機構からの脱退)を打ち出すと、軍事介入して〝革命〟を武力で鎮圧。ナジは逮捕され、一九五八年に処刑された。

ソ連の軍事侵攻に対して、中共を含む東側諸国はフルシチョフの判断を支持した。しかし、中共はソ連の軍事介入を支持する代償として、原爆製造技術の供与を要求。結局、東側の盟主として社会主義諸国の団結という体裁を取り繕わなければならなかったソ連はこれに応じ、十月十五日、中共に原爆製造の模型提供を約束する協定に署名。さらに、フルシチョフは中共に技術者を派遣し、さらにR-2短距離地対地ミサイル(ドイツのV2ロケットを改良したもの)二基を提供している。

ソ連が核実験を成功させ、核保有国になったのは一九四九年八月のことだったが、同年十月に建国を宣言した中華人民共和国は、当初から、ソ連から原爆製造技術の提供を得ようと考えていた。したがって、一九五〇~五三年の朝鮮戦争は、米国との緊張状態を理由にソ連に対して核技術の提供を要求する絶好の機会となった。

朝鮮戦争の休戦後も、米国および国府と全面戦争にならない程度の緊張を維持すべく、一九五四年九月三日、中共は金門島(きんもんとう)(福建省・厦門(アモイ)の沖合数キロメートルの位置にある島。国府が支配していた)の守備に当たっていた国府軍に対し砲撃を開始した（九三砲戦）。十一月十四日には一江山島沖で人民解放軍の魚雷艇が国府軍の護衛駆逐艦『太平』を撃沈して周辺の制海権を掌握。一九五五年一月十八日には人民解放軍華東軍区部隊が一江山島を占拠した。一江山島を失った国府側は付近の大陳島の防衛は困難と判断し、二月八日から十一日にかけて米海軍との共同作戦により大陳島から撤退した（第一次台湾海峡危機）。

台湾海峡危機が米国との本格的な衝突に発展しかねないことを懸念したフルシチョフは、九三砲戦後の十月一日、急遽訪中し、毛沢東に対して十五企業の売却と五億二〇〇〇万ルーブルの借款を約束。その際、毛沢東は原爆についても強く交渉し、渋るソ連を説得し、原子炉建設の援助を承諾させた。

さらに、一九五五年一月、広西省でウラン鉱床が確認されると、同十五日、毛沢東は中国共産党中央委員会会合で「我々は航空機や大砲だけでなく、原子力爆弾も必要としている。今日のこの世界では、他国からの虐げを回避する手段は、それ（＝核）無くしてありえない」として中国独自の戦略兵器の開発を宣言した。

こうした経緯を経て、一九五五年四月、中ソ原子力協定が調印される。同協定により、ソ連はサイクロトロンと原子炉を中国のために建設することについては同意した【図9】。

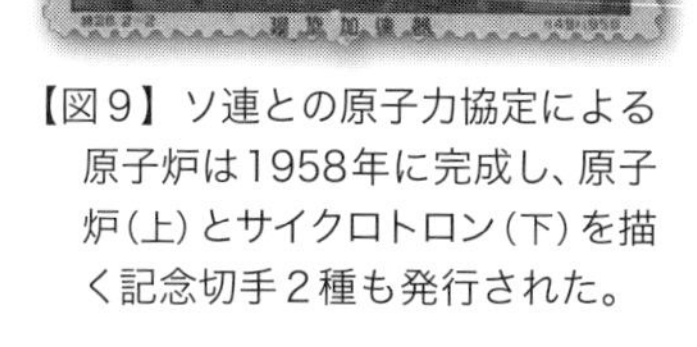

【図9】ソ連との原子力協定による原子炉は1958年に完成し、原子炉（上）とサイクロトロン（下）を描く記念切手2種も発行された。

米国と直接刃を交えたばかりの中朝両国が〝自衛〟のため核武装を志向するのはある意味自然なことであるから、ソ連としては、東側陣営の盟主として陣営内での核の独占を維持すると同時に、原子力の〝平和利用〟についてはある程度の支援を行うことでガス抜きを図らざるを得なかったのである。

そこで、一九五六年、ソ連はモスクワ近郊のドゥブナに社会主義十一ヵ国の共同出資という形をとって〝合同原子核研究所（JINR）〟を設立し、各国に原子力技術を提供したが、中共はハンガリーの革命を機に、ソ連からのさらなる技術供与を勝ち取ったのだった。

社会党の訪中団が北京に渡った一九五七年四月は、まさに、スターリン批判を機に中ソの間に亀裂が生じ始めた時期に重なっていた。毛と周が中ソ同盟を解消する可能性について言及したのも、そうした時代状況を反映した結果に他ならない。

ミサイル・ギャップの幻想

一九五七年十月四日、ソ連が世界初の人工衛星、スプートニク1号の打ち上げ【図10】に成功した。

人工衛星の打ち上げは、もともと、ミサイル開発におけるソ連の劣勢を糊塗するためのものであった。

当時の米ソが開発にしのぎを削っていた大陸間弾道ミサイル（ICBM）は、大気圏外に到達したミサイルが大気圏に再突入し、目標を攻撃するというのが基本的な仕組みである。ところが、当時のソ連の技術では、ミサイルを大気圏外まで飛ばすことはできても、大気圏に再突入させることができなかった。そこ

【図10】スプートニク1号打ち上げを記念してソ連が発行した切手

スプートニク1号を描いたソ連の絵葉書

で、再突入の必要がない〝人工衛星〟を打ち上げることで、ソ連が米国に先んじて宇宙を征服しているイメージを流布させるというプロパガンダ戦略が採用されたのである。

人工衛星を打ち上げる技術があるなら、大陸間弾道ミサイルを打ち上げる技術もある、と多くの人は考える。そして、ロケットの弾頭に、人工衛星ではなく核兵器を搭載すれば、地球上のどこからでも敵国を攻撃することができるから、その技術をソ連のみが有しているというイメージは、西側諸国にとっては大いに脅威となり、東側諸国にとっては盟主・ソ連の権威を大いに高める結果になった。

もっとも、実際には米国の総合的な軍事力は完全にソ連を圧倒しており、米政府も、一九五六年七月以降、U－2型偵察機をもちいてソ連の偵察（もちろん、領空を侵犯してのことだが）を繰り返した結果、そうした実情を正確に把握しており、ヨーロッパ・中東・東アジアなどで東側陣営を包囲し、どこからでもソ連を核攻撃できる体制を整えていた。

しかし、U－2型機による偵察は極秘裏に行われたから、ソ連の軍事的な実態は一般国民には知らされなかった。このため、西側世界では、スプートニク1号の打ち上げ以降、戦略爆撃機や戦略ミサイルの数において、米国はソ連に劣っているのではないかとの〝ボンバー・ギャップ〟や〝ミサイル・ギャップ〟の議論が説得力をもって語られるようになる。

ソ連は、こうした〝誤解〟を活用して、ソ連に対する圧力と攻撃は深刻な反撃を招きかねないので、ソ連とは一定の妥協をはかり、平和共存を目指すべきだという方向に国際世論を誘導しようとする。その真の目標は、米ソ両国の軍縮という形式をとって、米国により多くの核兵器を削減させ、ソ連包囲網を緩和させようという点にあった。

かくして、「ソ連の宇宙開発は純粋な科学技術研究で平和目的のものである」、「米国が膨大な核兵器を保有するがゆえに、ソ連は、自衛のため、やむを得ず最低限の核を保有しているのみである」といった論調が、日本を含む西側諸国でも、ソ連に親和的な左派リベラル勢力を中心に盛んに唱えられるようになる。

こうした空気を利用して、一九五七年十一月六日、フルシチョフは「ソ連が工業生産（鉄鋼や石油、セメント）および農業生産において十五年以内に米国を追い越せるだろう」とブラフをかました。

そのうえで、一九五七年十一月十四日から十六日にかけて、ロシア十月革命四十周年を記念するとともに、ハンガリー革命後の混乱を収拾するため、モスクワで第一回世界共産党会議（通称：社会主義十二ヵ国会議）を開催。社会主義陣営の引き締めを図った。

ところが、〝ミサイル・ギャップ〟のイメージが強すぎた結果、中国では、ソ連が米国に対して（少なくともミサイルの分野では）軍事的優位を維持しているのなら、なおさらフルシチョフの対米宥和路線は誤りではないかとの空気が醸成されることになる。

社会主義十二ヵ国会議前日の十一月十三日、毛沢東はモスクワ大学で中国人留学生を対象とした講話（「モスクワにおける留学生に対する講話」）を行い、「社会主義陣営と資本主義陣営の闘争は、『西風が東風を圧倒するか、東風が西風を圧倒するかのいずれかだ。』」、「これは二つの世界の戦争であり、西風が東風を圧倒しないならば、東風が西風を必ず圧倒しなければならない」と述べた。この講話は、モスクワで行われたこともあり、毛自身、「第一に、ソ連の友人と団結しなければならない」と強調していたが、毛の帰国後、「東風が西風を圧倒する」の文言だけが切り取られて、対米宥和に走ったソ連修正主義への批判として流布し、毛もそれを否定しなかった。

さらに、十一月六日のフルシチョフ発言に刺激を受けた毛の指示を受け、一九五八年五月、第二次五カ年計画において「英国を農工業の生産指標において十五年で追い越す（後に〝三年〟と修正された）」とする〝大躍進〟政策が打ち出される。

この間、一九五八年二月十一日、国務院総理に専念することになった周恩来に代わり、副総理の陳毅（ちんき）【図11】が外交部長を兼任することになり、その下に対日工作グループが組織される。陳毅は、外交部長として訪中した日本鉄鋼代表団を迎え、中共側の五金輸入公司・鉱産公司との五年間・総額一億ポンドのバーター協定をまとめたが、大躍進政策の一環として、一九五七年に約五三五万トンであった鉄鋼生産高を一九五八年には倍の一〇七〇万トンにするとの無謀な目標が掲げられたのは、この時点では、日本とのバーター協定を当てにしてのこととみるのが自然だろう。

【図11】陳毅

さらに、同年三月、第四次民間貿易協定締結の懸案となっていた通商代表部の設置についても覚書が交わされ、代表部には五星紅旗（ごせいこうき）を掲げ、部員には外交特権を与えることなどが決められた。

赤旗に５つの黄色い五光星を配し、「五星紅旗」と呼ばれる中華人民共和国の国旗。

日本政府は、この協定に同意はしないものの協力はするという微温的な姿勢で乗り切ろうとしたが、米国と国府は反発。三月半ば、国府は日華通商会談を中止し、日本商品の買い付けを停止するという強硬姿勢を示したため、日本の愛知揆一（あいちきいち）官房長官は、第四次民間貿易協定によって設置される通商代表部には外交特権は付与せず、国旗掲揚も認めないとの談話を発表し、国府をなだめざるを得なかった。

こうした日本側の対応に満足した国府は、三月二十日、当初の予定どおり、日本の大蔵省印刷局に発注した「台湾の昆虫と花」の切手【図12】を発行し、以後、継続的に日本の印刷局に切手の製造を委託するようになる。

【図12】日本の大蔵省印刷局で製造された“台湾の花と昆虫”の切手６種のうち、「ナガサキアゲハ」の雌を描いたもの。台湾最初の昆虫切手でもある。

【図13】「蔣介石総統69歳誕生日」の記念切手

ちなみに、日本の印刷局が台湾切手の製造を請け負ったのは、一九五五年十月三十一日に発行の〝蒋介石総統六十九歳誕生日〟の切手【図13】が最初である。その後、国連加盟をめぐる日本とモンゴルのパッケージ問題が発生し、日本と国府の関係が悪化したことから、台湾の中華郵政は日本への切手印刷の発注を控えていたが、岸首相の訪台と〝大陸反攻〟への支持表明などで日台関係が好転したことから（116ページ参照）、発注が再開されたものと思われる。

なお、そうした政治的な事情に加え、一九五七年後半から、印刷局で試用が始まった裏糊の四号ゴム液（合成樹脂のポリビニール・アルコールとデキストリンに水を加えて作られる）が、従来の改良三号ゴム液（アラビアゴム、デキストリン、デンプン、水から作られる）に比べて四倍の強度があることに加え、耐湿性・再湿性という点でもはるかに優れており（もちろん、人間が舌で舐めて使用しても人体には全く無害である）、その結果、それまで切手のシートとシートの間に入れられていた間紙が不要となり、郵便局の現場での在庫管理がはるかに容易となるなど、印刷局の技術革新が台湾側のニーズを満たすものであった点も見逃せないだろう。

アジア文化会議

一九五六年は、いわゆる南伝仏教の正統派の理解によれば、釈迦の入滅二五〇〇年にあたっていたため、東南アジア諸国や欧米の仏教団体などでは、各種の記念イベントが大々的に行われた。

日本の場合には、いわゆる南伝仏教とは系統の異なる北伝仏教（大乗仏教）が主流を占めており、一九五六年を入滅二五〇〇年と考える仏教関係者はほとんどいなかったが、東南アジア諸国との友好関係への配慮から、一九五六年五月に〝仏紀（南伝仏教で釈迦入滅の年を紀元とする暦）二五〇〇年〟の名目で、京都で記念式典が行われた。

これに先立ち、一九五五年十二月二十二日、日本仏教会会長の大谷光照（おおたにこうしょう）は、翌一九五六年四月八日の花祭りからの一ヶ月間を「花まつり・仏陀二五〇〇年記念月間」として大々的に記念行事を行うので記念切手を発行してほしいとして、郵政大臣・村上勇宛に「仏陀二五〇〇年記念切手発行申請書」を提出したが、「今回の行事（花祭り・仏陀二五〇〇年記念月間）に記念切手を発行すれば、国が特定の宗教的世界観を勧奨したようになるので問題がある」との文部省の指摘もあり、切手の発行は実現しなかった。

こうした中で、一九五七年二月に発足した岸内閣は、首相の岸が就任早々東南アジア諸国を歴訪し、東南アジア外交を重視する姿勢を示したが、その一環として、一九五六年に各国でおこなわれた釈迦入滅二五〇〇年の記念行事に日本の政府代表や仏教関係者が多数招待されたことの返礼として、釈迦二五〇〇年記念の〝アジア仏教文化会議〟を計画。一九五八年には、その準備費用として、外務省予算の一部として、三〇〇〇万円が計上されることになった。

しかし、これに対して、国が特定の宗教行事に関係してはならないとする憲法第二十条に違反するのではないかとの指摘が社会党議員からなされたため、政府は、会議の名称を〝仏教〟の文字を削除した〝アジア文化会議〟に変更して、予算案を国会で通過させる。

ところが、今度は〝仏教〟の文字が削除されたことに対して、仏教関係者や仏教団体と関係の深い議員が反発。会議への協力を拒否するという強硬論まで飛び出したため、対応に苦慮した政府は、外部団体として、前首相で日蓮宗の僧籍を有していた石橋湛山（115ページ参照）を会長とする〝釈尊二五〇〇年を讃える会〟（以下、〝讃える会〟）を設立。〝讃える会〟が会議を主催し、式典等には宗教色を交えないとした上で、〝讃える会〟に対する補助金というかたちで件の三〇〇〇万円が支出されるということで決着がはかられた。

以上のような紆余曲折を経て、一九五八年三月二十七日から三十一日までの日程で、アジア各国から約七十名の参加者を招いて、東京で〝釈聖二五〇〇年アジア文化会議〟が開催された【図14】。

【図14】アジア文化会議の記念切手

また、会議の終了後、四月八日の釈尊降誕祭（花まつり）を中心に、全日本仏教会が主催して、大阪・名古屋・福岡・広島等の地方主要都市で、〝二千五百年祭〟も開催されている。

なお、会議主催者の〝讃える会〟が〝釈尊二五〇〇年〟を掲げているのに対して、実際に開催された会議の名称では〝釈聖二五〇〇年〟が掲げられているのは、憲法第二十条の問題が考慮されたためで、この点について、内閣法制局は以下のように説明している。

◆

（今回の会議は）釈迦という聖人、つまり釈聖、道徳の最高峰としての釈聖の二五〇〇年に当り、その人格をほめ讃え、アジアの文化交流を図る国際文化会議であって、仏教会議ではなく、つまり宗教的色彩を全く帯びない行事である。

◆

ところで、今回の会議は、岸内閣の東南アジア外交の一環として企画されたものであったため、招待者の選択に際しては、南ヴェトナムならびに韓国との関係を考慮して、北ヴェトナムと北朝鮮はリストから外された。

また、台湾に対しては正式な招請状を出す一方で、中国に対しては、国交未回復を理由に政府宛の正式な招請状ではなく仏教界に個人宛の招請状を出すことで解決がはかられている。

ここで、中華人民共和国建国後の中国大陸の仏教の流れと、日本との関係について、簡単にまとめておこう。

現在、ほぼ慣用表現と化している〝日中友好二千年の歴史〟は、実は、中共支配下の僧侶や居士（こじ）（在家の仏教徒）たちが日本と交流する際に用いた言葉で、古代朝鮮半島を経由し、中国の仏教が日本に伝来した歴史的な蓄積を表現するのみならず、近代日本と中国が戦火を交えた不幸な一時期はごく短期間にすぎないことを強調する意図を込めた表現である。

辛亥革命後の中国仏教界では、一九二九年四月に改革派僧侶の太虚（たいきょ）が最初の全国的組織として〝中国仏教会〟を結成し、寺院の保護と僧侶の政治的権利の拡大、封建的とされた仏教界の改革を目指して活動していたが、一九三一年には太虚本人が同会を退会してしまい、同会は事実上の休眠状態となった。

抗日戦争後、太虚は国民政府の下で中国仏教会の再建を目指したが一九四七年に亡くなり、一九四九年、中国仏教会と僧侶たちの相当数が台湾ほか国外へ逃れた。

こうした中で、中華人民共和国建国に先立つ一九四九年八月、中共は仏教徒への懐柔策として、人民政治協商会議に仏教代表の枠を設け、政治協商会議の『共同綱領』でも〝信仰の自由〟を規定したが、この時点では、中共中央には宗教事務を統括する機関が設立されておらず、仏教徒に対する具体的な政策は何もなかった。

一九五〇年九月、抗日戦争中に僧侶救護隊を組織し、新四軍とも関係の深かった僧侶の巨賛（きょさん）、国民党の政策に不満を抱いていたチベット仏教の高僧シェーラブギャムツォ（喜饒嘉措）、上海の居士界とその慈善事業に影響力のあった趙樸初、北京の仏教学者として著名な周叔迦、政治家で居士でもある陳銘枢、李済深、葉恭綽らを発起人として北京で現代仏学社が設立され（社長は陳銘枢）、政府の宗教政策を伝達するための雑誌として『現代仏学』が創刊される。編集長に就任した巨賛は、中共の体制下で仏教界が生き残ることを目指し、「生産化」、「学術化」のスローガンを掲げ、僧侶が生産活動に参加すること、中国仏教の封建的な部分を取り除いて仏学研究を発展させること、国内外の仏教徒と連携することを目標として掲げた。

はたして、翌十月、中国人民志願軍が朝鮮戦争に参戦すると、現代仏学社も『現代仏学』誌上で抗美援朝・国家防衛を訴え、仏教徒によるデモの記事を掲載。一九五一年二月、中共から「さらに普遍的に抗米援朝の愛国運動を展開させることに関する指示」が発せられると、仏教徒も中央の指示に基づき全国各地での抗美援朝デモに動員されただけでなく、一九五二年十月には北京で開催されたアジア太平洋地域平和会議にする。

同会議には世界三十七ヵ国三四四名の代表が参加し、「日本の帝国主義化と侵略基地化がアジア太平洋地域の平和に対する最も重要な脅威」を中心的な議題とし、①アジアにおける米国の覇権に反対し、②米国主導による単独講和や日本の再軍備に反対し、駐日米軍の撤退を訴える。③米国に追従する〝日本の軍国主義分子〟を批判し、日本と中国〝人民の連帯〟を求め、民間交流や日中貿易の必要性を訴えることが決議された。この決議を受けて、会議に参加した大陸の僧侶は、ビルマ、セイロン、ラオス、マレー、タイ、ヴェトナム、日本の代表と共同で「仏教徒の声明」を発表して平和を呼びかけ、参加できなかった日本の僧侶に対して仏像を送った。この仏像は、日本仏教界で注目されただけでなく、中共との国交回復を目指す人々に、中共との直接交流の実現に期待を抱かせたという。

これを機に、一九五三年二月、日本赤十字社や日中友好協会を中心とした民間十四団体が中国人殉難者慰霊実行委員会（以下、慰霊実行委員会）を組織し、委員長の大谷瑩潤（参議院議員・浄土真宗大谷派）と事務局担当の僧侶、華僑団体が中心となって日本政府と交渉を行い、国交のない中共に日本からの遺骨送還団の派遣が実現する。

また、送還団の派遣を前に、送還団のカウンターとなるべく、一九五三年五月、中国各民族の仏教徒連合の〝愛国組織〟として中国仏教教会が設立され、名誉会長にダライ・ラマやパンチェン・ラマ、そして一八四〇年生まれとも言われていた高僧、虚雲らを招き、かつて中国仏教会で太虚と対立した重鎮、円瑛が会長に就任した。副会長には、現代仏学社の発起人だったシェーラブギャムツォ（後に会長）をはじめ、モンゴル人の活仏、西南等の少数民族地区の仏教代表、そして趙樸初や漢族の僧侶が多数就任し、〝各地の仏教人士代表〟が集結した体裁が整えられた。

中国に送還された遺骨は戦時下の日本で亡くなった中国人労働者のものだったが、一九五二年七月七日（盧溝橋事件の記念日）、塘沽港で行われた送還団歓迎式典には、人民解放軍儀仗隊と各界代表四百余名が参列。党中央統一戦線工作部主任の廖承志は「非常な悲しみと怒りの心をもって、日本で殺された抗日愛国烈士を追悼する。我々はこの血の負債を永久に忘れることができないであろう」と絶叫する一方、日本帝国主義者と一般民衆を区別するとして、日本の友好人士に感謝を表明した。翌日の天津でも二千人が参加する抗日烈士追悼大会が開催され、前日同様、各団体の代表が日本軍国主義に対する激しい怒りをあらわし、平和を愛する日本人民との友好を区別した。典型的な、軍民二元論の実践である。

また、中共は送還団員について「国内の闘争を経てようやく訪中できたのだから、数日間の逗留を希望する可能性が高く、滞在中に中国への敬慕を満足させることは、日本における彼らの活動に有利」だと分析。事前に送還団員候補者の経歴を入手したうえで、僧侶たちに参観させる場所も中国仏教協会の本部が置かれていた広済寺(こうさいじ)に限定していた。

広済寺では、趙樸初ら仏教教会の幹部が送還団の僧侶を出迎え、軍民二元論に基づく政治的発言を繰りかえして日本側を戸惑わせたが、日本人僧侶は概ね中共での歓迎に満足し、広済寺が政府の多額の援助で修復されたことに大いに関心を示した。また、社会運動に積極的なある僧侶は、中共を見習って保守的な日本仏教界も民主化したいと発言している。

結局、帰国した僧侶たちは、中共に遺骨を送還して大歓迎を受けたことや、中国仏教が迫害されておらず、宗教の自由もあり、僧侶も政治に参加しているなどと繰り返し発言し、日中仏教徒の交流を促した。その点で、彼らに対する中共側の宣伝工作は大成功を収めたといってよいだろう。

その後、一九五三年中に三次にわたる遺骨送還団によって計一三五九柱の遺骨が返還され、そのたびに、参加した僧侶たちは広済寺や民族学院内に設置されていたイスラムのモスクなどを見学して、帰国後、中国では〝宗教の自由〟が保障されていると発言するのが常となった。

【図15】1955年6月25日に発行された“中国紅十字会成立50周年”の記念切手には、当時の紅十字会による救急訓練の様子が取り上げられている。

一方、中共側からは、一九五四年十月三十日、李徳全を団長とする中国紅十字会【図15】代表団が来日。日本滞在中、李は浅草本願寺を訪れて〝強制連行犠牲者〟の大慰霊祭に出席し、活動に関わった全ての日本人に対して深い感謝を示した。また、彼女は京都も訪問し、仏教界総出の歓迎を受けて、仏教界重鎮の訪中希望をできる限り歓迎をすると約束。同行した廖承志も日本側の要請に応え、戦前の日本仏教が中国各地に建てた別院の現状調査を約束した。

李の帰国後、中共政府は日本浄土宗と縁の深い山西省玄中寺を重要文化財として復興すると正式に伝達。これに対して、日本浄土宗・浄土真宗教団を代表し、文部大臣の安藤正純（浄土真宗大谷派）や全日本仏教会会長の大谷光暢、大谷瑩潤ら七名が連名で、玄中寺復興を祝う『慶讃の辞』を中国に送っている。

こうした日本仏教界の活動を評価した中共は、一九五五年六月、彼らに紅十字会を経由せず、中国仏教協会へ直接連絡することを許可。そこで、日本側は大谷瑩潤を会長とする日中仏教交流懇談会を組織し、さらに〝日中友好〟への傾斜を強めていった。

たとえば、一九五五年八月、広島で第一回原水爆禁止（原水禁）世界大会が開催されたが【図16／次ページ】、当初、日本政府は国交がないことを理由に中共代表団にヴィザを出さない方針をとっていた。これに対して、中国代表団に趙樸初が含まれていることが明らかになると、全日本仏教会は副会長を中心に首相の鳩山一郎に働きかけ、中国代表団の訪日

【図16】1955年の第1回原水禁世界大会に向けて、1954年11月に東京で原水爆禁止切手発行運動促進準備会が結成された。日本郵趣協会理事長の水原明窗は、この運動に賛同して切手発行運動の推進役となり、キャンペーンのために切手状のシールも制作した。

を実現させている。そして、中共代表団が羽田空港に到着すると、曹洞宗や日蓮宗をはじめ在京各教団の代表が趙樸初を出迎えている。結局、趙は広島での大会には間に合わなかったものの、長崎と大阪で行われた原水爆禁止地方大会に出席し、その合間に京都を訪れて大谷瑩潤と懇談。さらに、東京での原水禁大会に参加し、日本国民へのメッセージと共に被爆者救援ために〝人民団体〟から七二二万円を寄付し、喝采を浴びている。

日本社会の対中イメージ向上という責務を担っていた趙は、日本国内では政治的発言をせず、つねに戦前からの日中仏教友好の歴史を語るなど、日本人から極力反発を招かないよう、その行動には細心の注意を払っていた。趙の活動は功を奏し、彼の帰国後、より全国的な日中仏教の交流事業を行うことを目的として、京都に日中仏教研究会が設立された。

さらに、一九五七年一月には日中仏教交流懇談会・日中仏教研究会・日中仏教親和会の三団体は、新たに学術冊子『日中仏教』を創刊し、全日本仏教会による正式な訪中代表団の派遣実現を掲げるとともに、〝中国仏教代表団〟の招請準備も開始する。

まさに、日本の仏教界は、中共側の対日戦略の基本方針〝以民促官〟の先兵としての役割を担っていたのである。

　こうした経緯を経て、一九五七年九月、北京での仏陀涅槃二五〇〇年記念法要と山西省玄中寺の復興落慶法要へ参加を名目として、戦後初の日本仏教代表団の正式な訪中が実現する。この両イベントは、前々から企画されていたわけではなく、中共が日本代表を招くために準備したものだった。

　日本仏教代表団は、全日本仏教会会長（曹洞宗）を筆頭に真言宗、浄土真宗大谷・本願寺両派、天台宗、黄檗宗、臨済宗妙心寺派、日蓮宗、全日本仏教婦人連盟といった伝統仏教界を代表する各教団から十六人で組織された。北京に到着した一行は、趙樸初を筆頭に多数の僧侶・信者の出迎えを受け、翌日、広済寺で仏陀涅槃二五〇〇年記念と中日友好世界平和祈願の日中合同法要に参加し、戦時中の青島・白雲寺から日本に持ち去られた釈迦牟尼仏像の返還式も行われた。その後、代表団は飛行機で山西省太原に向かい、復興された玄中寺で開光法要に参加し、西安を見物して北京へ戻った。

　北京では陳毅が代表団に対して、中共の宗教政策は信仰に寛容であり、中共政府は寺院や礼拝堂の修復、経典の翻訳事業にかなりの資金を投じて援助していると説明し、代表団はそれを真に受けた。彼らは、十月一日の国慶節記念大パレードと天安門広場の花火大会に招待された後、同三日、中共側と合同で「原水爆禁止、軍備縮小、撤廃に関する共同声明」を発表。さらに、東北の瀋陽・鞍山を見学し、天津の抗日烈士記念館で追悼会に参加し、南京、広州、天台山など各地の仏教寺院を訪問して帰国した。

　このように、一九五八年三月にアジア文化会議が開催された時点で、日本の仏教界には中国側の工作がかなり浸透していた。したがって、会議の主催者である〃釈尊二五〇〇年を讃える会〃とそこに集っていた仏教関係者としては、一九五七年に日本人仏教者が海外のイベントに招待されたことへの答礼という点からも、国交の有無を理由に〃中国(人)〃の参加を拒否するという選択はあり得なかった。

中共に対して、国交未回復を理由に政府宛の正式な招請状ではなく、仏教界に個人宛の招請状を出すというイレギュラーな形式で問題の解決が図られたのは、こうした事情を反映した結果である。

そして、そうした日本仏教界と日本政府との意識のずれを象徴するかのように、会議初日の一九五八年三月二十七日に発行された記念切手に描かれたアジア地図は、インドと東南アジア諸国、台湾の部分には左下方向からの光が当たっているのに対して、中国大陸はほぼ暗黒の状態で描かれている。

長崎国旗事件

アジア文化会議が終了して間もない一九五八年四月三十日から五月二日まで長崎市の中心部の浜屋百貨店四階で、日中友好協会長崎県支部主催の〃中国切手、剪紙(せんし)【図17】、錦織展示会〃(単に〃切手展〃としている資料も多いが、正確ではない)が開催された。

展覧会は、物産展として販売利益を上げることよりも、〃日中友好〃と国交正常化へのアピールのために企画されたもので、会場内入口付近の天井からは

【図17】1959年1月1日に中国が発行した“西北の剪紙”の切手。剪紙は中国の伝統的な切り絵細工のことで、鋏を使って切り出されるものをいう。なお、小刀で切り出されるものは“刻紙”と呼んで区別される。

縦一二〇センチ、横一五〇センチの五星紅旗が針金で吊るされていた。主催者によれば「会場の展示物が全部中共のものなので一つは雰囲気を出すためと、一つは切手同様の展示品の意味合いがあった」と説明されている。

実は、長崎での展覧会に先立ち、一九五八年三月、門司市の博覧会で〝中華人民共和国〟と表示した展示があり、長崎の中華民国領事館が門司市長に抗議し、撤収を求めるという一件があった。その後、長崎領事館は九州地域の華僑団体を組織して、国府と岸首相へ打電し、日中民間貿易協定の「民間代表部の設置」に関する声明を発表していた。

長崎の〝中国切手、剪紙、錦織展示会〟はこうした状況の下で開催されたため、会場での五星紅旗掲揚について、会期初日の四月三十日、国府の長崎駐在領事の常家鎧が長崎市役所を訪ね、「国際法上非合法な国旗であり、掲揚は日本と国府との友好関係に悪影響を与える」と強く抗議。翌五月一日には、常は長崎県知事の佐藤勝也を訪ねて取締を再度要求したが、長崎市および佐藤知事は日中友好協会長崎県支部と相談することは承諾したものの、展示の中止を強制する権力はないと答えた上で、領事館が外務省と交渉するよう提案した。

一方、東京の中華民国大使館も日本外務省へ口頭抗議したが、日本政府は国府の要求に十分に応じなかった。

そこで、中華民国駐日大使の沈覲鼎は、外務省との交渉と並行して、極秘裏に〝予め有効行動〟の準備をするとして、沈大使が常領事に工作費用として機密費三万円を支給した。

会期最終日の五月二日、常領事から依頼を受けた地元の右翼団体〝菊旗同志会〟の構成員、関東と石橋清司の二人が会場に乱入し、関が会場内に掲げられていた五星紅旗を引きずり降ろした。旗は破れていなかったが、関は通報を受けて駆けつけた警察官に器物損壊の現行犯で逮捕された。関は警察で取り調べを受けたが、背後関係を否定し、酒に酔ったうえでの狼藉と主張したため、間もなく釈放された。

いわゆる長崎国旗事件である。

事件発生を受けて、日中友好協会長崎県支部は声明を発し、岸内閣の対中政策を批判し、犯人の厳重追及、及びその背後関係も明確にしたうえで、刑法第九十二条(外国国章損害など)に基づいて〝善処〟するよう、強く要求した。

北京政府も敏感に反応し、五月八日、対日輸出許可書の発行を中止し、日本を訪問していた中国五鉱公司の代表団を緊急帰国させた。翌九日には、副総理兼外交部長の陳毅が毛沢東の意を受けて「中国の国旗を侮辱した長崎事件は、岸内閣が直接容認し、その保護のもとにつくりだされたものである」、「岸信介が米国と蔣介石一味におもねるために中日貿易を破壊し、中国を侮辱し、六億の中国人民を敵視することは、けっして日本人民になんの利益ももたらさない」、「岸信介は、これによって生ずるいっさいの結果に対し完全に責任をおわなければならない」などとする非難声明を発し、中国上海ラジオ局の国際放送も、日本との間に調印したすべての契約を無効にすると通告した。

これに対して、五月十一日、岸首相は以下のように反駁する。

「われわれは台湾の国民政府との友好関係を無視して、直ちに中共を承認することは出来ない。国旗問題では、中共政府はもっと冷静に考えるべきだ」、「国旗損壊罪は、独立国家として互いに承認しあっている国についてのみ適用されるもので、この点について中共政府がとやかくいうのは、日本の政局になんらかの影響を与えようとの意図によるものと考えざるを得ない」。

岸の反駁に激怒した中共は報復措置として、陳毅が外国記者団に対して「五月十一日をもって中日間の経済・文化交流をすべて断絶することを決定した」と明言。これを受けて、〝禁漁区〟に侵入した日本漁船が拿捕され、貿易商談も一斉に停止された。鉄鋼バーター協定（初年度七十九億円）も打ち切りとなり、中国歌舞団の日本公演、婦人代表団の訪日、スポーツ交流、仏教交流などはことごとく中止。中国紅十字会は岸政府が中国敵視政策を変えなければ、日本人引き揚げ事業を中止すると通告し、中国漁業協会は日中漁業協議へ民間漁業協定を延長せずと打電した。

その後、事態を打開するため、一九五八年八月二十九日に社会党参議院議員の佐多忠隆が訪中。中国側は廖承志が以下のような条件を佐多に提示した。

◆

岸政府は明確に次の態度を決め、これを保証すること

一．直ちに中国を敵視する言動と行動を停止し、再び繰り返さないこと

二．〝二つの中国〟をつくる陰謀を停止すること

三．中日両国の正常関係の回復を妨げないこと

四．長崎国旗事件に関して岸政府は三つの処置をとるべきこと

①日本政府は正式に政府代表を現地現場に派遣して再びわれわれの国旗をそこにかかげること

②国旗事件の関某は中華人民共和国の国旗を侮辱した罪によって、それにふさわしい罰をうけねばならぬ

③長崎国旗事件を惹起した点で岸政府は中国に
対して謝罪の意を表する正式代表を北京に派
遣すること

五．〝二つの中国〟をつくる陰謀停止の証明のために
次のような声明をすべきこと。その声明は文字
とおりになされ、一字も欠けてはならない。
「日本政府は中華人民共和国と正常な関係の回復を
念願し、そのために努力する」
以上の五つが先決条件である。これが完全に履行
されてから第六に入る。

六．以上のことが完全に履行されてから日本政府は
代表団を北京に派遣して今後の問題について話
し合うことができる。代表団の形式、人数は日
本政府が決定する。

◆

廖承志は、この条件は北京政府の公式見解にして最終的な態度であるとしたうえで、佐多に対して「決して長い期間と思われないから専業会社、中小企業関係者も我慢してほしい。しかし、中国側に関していえば、五年でも十年でも待つことができ少しも痛痒を感じない」、「今度は中国が静観する番だ」と述べて、日本政府がこれを受け入れず、両国関係の悪化が長期化することを暗示している。実際、日本政府は中共の提案は絶対に受け入れないと返答し、両国関係は事実上断絶した。

長崎国旗事件をめぐる中共の〝制裁〟による損害は、契約履行不能案件が一一〇社一二六二件、金額にして約三五〇〇万ポンドにも達し、中国ビジネスを期待していた日本企業、特に鉄鋼業界は大きな打撃を受けた。

しかし、その後の歴史を見ると、この時の制裁は結果的に、中共により大きなダメージを与えたと考

えてよい。

すなわち、一九五八年五月に発表された第二次五ヵ年計画では、一九五七年に約五三五万トンだった鉄鋼生産高を一九五八年中に倍の一〇七〇万トンにするとの目標が掲げられていたが、この計画を支えるべき日本とのバーター協定は事件の影響で反故となったからである。

しかし、バーター協定の破棄は自分たちに理があるという立場を維持せざるを得なかった中共は、〝党の無謬性〟を掲げる限り、この計画から撤退することはできない。

そこで、一九五八年十月以降、煉瓦製の原始的な溶鉱炉（土法炉）を用いた製鉄が全国の都市、農村で大々的に展開された。しかし、銑鉄一トンを生産するのに、近代的高炉では二トンの石炭で済むところを、土法炉では四～六トン、場合によっては八～十トンもの石炭が必要で、生産される鉄の品質もきわめて粗悪だった。また、名目上の生産量を達成するため、農具や生活用品に用いられていた鉄が半ば強制的に回収されて鋳潰されたうえ、他業種の労働者も製鉄作業に動員されたことから、国民生活は大いに疲弊した。

それにもかかわらず、翌一九五九年、中国当局は、鉄鋼生産の目標を超過達成したことを大々的に誇示し、記念切手まで発行したが【図18】、同時期の農業政策の失敗とも相まって、大躍進政策は惨憺たる

【図18】1959年２月15日、中国は“大躍進”政策の目標を超過達成したとして記念切手を発行し、1958年の鉄鋼生産が1,108万トンを超過したことを誇示した。

失敗に終わった。

なお、長崎国旗事件で逮捕された関に対しては、一九五八年十二月三日、軽犯罪法の「みだりに他人の看板を取り除いた」ことによる科料五〇〇円の略式命令が下され、事件としては幕引きが図られている。

新安保条約と中ソの亀裂

日中関係がほぼ断絶状態に陥っていた一九五八年九月、岸内閣は、外相の藤山愛一郎を米国に派遣し、国務長官ダレスとの安保条約改定交渉に入った。

一九五一年のサンフランシスコ講和条約と同時に調印された日米安保条約（旧安保条約）は、日本側から見ると、基地を貸して安全保障を得るという〝モノと人との協力〟を前提にしたものだったが、その内容は、米国の日本防衛義務が明文化されていなかったばかりでなく、日本は米国の同意なしに第三国に基地を提供できず（第三国の駐留権禁止条項）、日本国内の内乱に際しては米軍が出動できる（内乱条項）など、あまりにも片務性と不平等性が強いものだった。

このため、日本側には、米国による日本防衛の義務を明文化し、その義務と日本が米国に基地を提供することの義務との間の双務性を明確にすると同時に、内乱条項をはじめとする旧安保条約の不平等な部分を改定したいという希望があった。

しかし、日ソ国交回復を行った鳩山一郎内閣や、病気により二ヵ月で退陣したとはいえ、鳩山の後を継いで対中宥和方針を掲げていた石橋湛山内閣の自主外交路線に対して、米国は東西冷戦という国際秩序に照らして強い警戒感を抱き、日本側の安保改定の要求を時期尚早として斥けていた。

これに対して、一九五七年二月、親米・反共主義者の岸が政権を獲得したことで米国もようやく安堵し、同年六月に岸が訪米した際に旧安保条約の再検討を申し入れると、これに同意した。なお、一九五八年、米施政権下の沖縄で〝反米的〟な民主主義擁護連絡協議会の兼次佐一が那覇市長に当選したことも、世界各地で反植民地闘争が展開されているなかで、対日関係を改善する必要を米国に痛感させるなど、国際環境の変化も幸いした。

一方、社会党をはじめとする野党の〝革新勢力〟は、一九五八年秋の警察官職務執行法改定反対闘争（警職法反対闘争）で勝利した経験から、安保改定の反対闘争を次の活動の中心に据えることにした。

安保改定の焦点は、条約の片務性解消と事前協議制にあったが、彼らはこれをとらえて、新条約が自衛隊の増強を義務づけていること、米軍の行動の大半が〝事前協議〟事項になっていないこと、条約の適用地域が限定されていないこと、また新条約で片務的関係が改められ、事実上の軍事同盟になることで、日本が米国の戦争に巻き込まれる危険が高まること、などを理由として反対運動を展開したのである。

具体的には、一九六〇年一月、岸首相以下の全権団が訪米してアイゼンハワー大統領と会談し、同十九日、新条約を調印【図19】したことを受けて、同年三月、総評（日本労働組合総評議会）、中立労連（中立労働組合連絡会議）、原水協（原水爆禁止日本協議会）、護憲連合、平和委員会、日本社会党を中心に一三四団体が参加する安保改定阻止国民会議（日本共産党はオブザーバー参加）

【図19】日米安全保障条約改定50周年の記念切手には、アイゼンハワーの傍らで、条約に署名する岸の姿が取り上げられている

が結成され、大規模な反対闘争が展開された。

こうした中で、一九五九年三月十二日、社会党の第二次訪中団の団長として訪中した浅沼稲次郎（当時、社会党書記長）は、政治協商会議講堂で演説し、「中国は一つ、台湾は中国の一部」、「アメリカ帝国主義は日中両国人民の敵」、「安保条約改定を断固阻止」、「日中国交回復を実現」と発言した。演説の草稿は党内左派の広沢賢一によるものだったが、〝アメリカ帝国主義〟を〝敵〟と名指しした箇所は国内外に大きな波紋を呼び、自民党の福田赳夫はすかさず抗議電報を打ち、〝浅沼の失言〟をアピールした。しかし、浅沼は帰国時に飛行機のタラップを中共の工人帽を着用して降りてくるなど、その露骨な親中姿勢を隠そうとはしなかった。

1959年3月24日、東京の羽田空港で、中国・北京から帰国した社会党訪中使節団。タラップの先頭は、工人帽をかぶった浅沼稲次郎書記長。（朝日新聞社提供）

中共は長崎国旗事件以来、対日強硬姿勢を撮り続けてはいたが、一九五八年に発動した大躍進政策が惨憺たる失敗に終わり、国内には飢餓が蔓延していたことに加え、一九五九年後半になると、ソ連との関係も冷却化した。

すでに、一九五七年の時点でフルシチョフの打ち出した対米宥和路線に対して中共は批判的な態度を取っていたが、こうした中ソの亀裂は、当時、西側に対しては表向き秘匿されていた。このため、平和共存という方針を維持しつつも、米国に対する軍事的な劣勢を挽回する必要に迫られたソ連は、中共から軍事部門での協力を求められていたこともあり、中ソ同盟の文脈に沿って中ソの軍事力を一体化するため、一九五七年から翌年にかけて、長距離無線基地の設置と中ソ共同の潜水艦艦隊の創設を中国に提案する。

ソ連としては、東側諸国の盟主として、中共への配慮を示すための提案だったが、毛沢東は、これを中国支配のためのものとみなして激しく反発。このため、フルシチョフは一九五八年七月末に北京を訪れて説得を試みたが、毛の態度は頑なだった。

さらに、同年八月二十三日、中国人民解放軍が金門島に向け大規模な砲撃を開始する。毛沢東は本気で米国との全面対決を望んでいたわけではなく、対外的な緊張をもたらすことで国内の統制を強化するとともに、米華相互防衛条約の範囲が、中国沿岸の金門島に及ぶか否かを確認することが目的だったが、米国には台湾問題に関して中ソが共同歩調をとっていると誤解させておきたいと考えていた。

【図20】彭徳懐

これに対して、米国のダレス国務長官は、「金馬地区を奪取することは平和に対する脅威である」と警告。米国の支援を受けた国府軍は反撃し、厦門の大嶝、二嶝の中国人民解放軍砲兵陣地に大きなダメージを与えた。

そこで、十月五日、中国国防部長の彭徳懐（はっとくかい）【図20】が「人道的な見地より金門への砲撃を七日間停止し中華民国軍船舶による補給を許可する」、「ただし米国がその護衛を行わないことが条件である。これは中国の国内問題であり米国が関与することは内政干渉である」と一方的に宣言。その後も、中国側は形式的に金門島への砲撃を継続したが、金門砲戦は実質的に国府の勝利で終わった【図21／次ページ】。

ところが、フルシチョフは台湾問題にソ連が巻き込まれることを懸念。さらに、ほぼ時を同じくして、国府軍機の落としたAIM－9ミサイル（米国製）の不発弾について、同盟国であるはずの中共がソ連に対して技術情報を不完全なかたちでしか渡さなかったことから、中共に対する不信感を強めることになった。

もっとも、ソ連としては、対西側政策の必要から、

【図21】金門砲戦の翌年にあたる1959年に台湾が発行した"莒光楼（きょこうろう）"の普通切手。国共内戦末期の1949年10月27日、国府は金門島に対する人民解放軍の攻撃を撃退。これにより、福建省沿岸の金門島・馬祖島（まそとう）ならびに浙江省沿岸の大陳列島を確保し、かろうじて台湾島に限定されない"中国政府"としての体面を保って、台湾を拠点に"大陸反攻"を呼号していくことが可能になった。切手に取り上げられた莒光楼は、これを記念して1952年に大金門島の金城莒光湖近くに建立された中華風の建造物で、「毋忘在莒　光復大陸（過去を忘れることなかれ、国土を回復せよ）」という、蔣介石の言葉が命名の由来になっている。

【図22】ソ連が発行した「関漢卿700年」の記念切手。関漢卿は13世紀の金末から元初にかけて活躍した戯曲家で、庶民生活に題材を取った雑劇の祖といわれている。

そうした中共との亀裂をなんとか糊塗し、両国が友好関係にあるという体裁を何とか取り繕おうとする。

その結果、皮肉にも、一九五〇年代末、中ソ関係が緊張の度合いを高めていく時期になって、ソ連は中国の文化的伝統をたたえ、あるいは、アジアの〝平和勢力〟（米国を〝戦争勢力〟と規定する社会主義陣営の

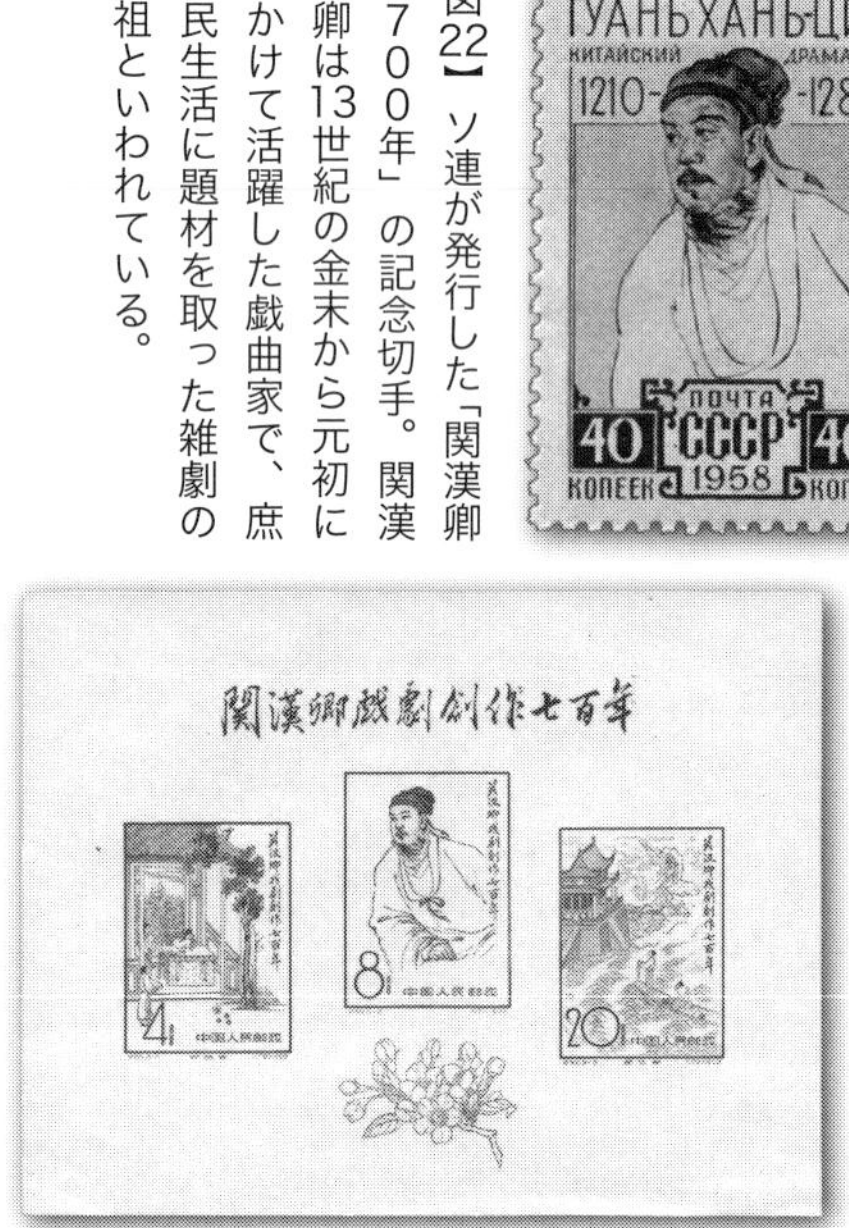

【図23】中国で発行された「関漢卿700年」の記念切手

自称）を代表する存在としての中共を尊重するような切手を発行するようになった。

たとえば、一九五八年十二月、ソ連は「関漢卿（かんかんけい）七〇〇年」を記念する切手【図22】を発行した。関漢卿に関しては、同年六月に本家の中共が記念切手【図23】を発行しており、ソ連の記念切手発行はこれに追随するものだった。中国の文化的伝統をたたえ、中国を尊重している姿勢を示すという演出の一手段として、国家のメディアである切手が活用された典型的な事例といってよい。

【図24】ソ連が発行した「世界平和運動10周年」の記念切手。アジア系と思しき男性の背後に“和平”の文字が見える。

さらに、一九五九年四月に発行された「世界平和運動十周年」の記念切手【図24】では、平和のプラカードを掲げて行進する三人種の人々が描かれているが、アジア系の男性の背後には〝和平〟という漢字がしっかりと書かれており、中共がアジアの〝平和勢力〟を代表する存在であるとのソ連当局の公式見解が表現されている。

しかし、〝平和勢力〟の盟主を自任していたソ連は、米国との核実験禁止の合意に基づき、アジアの非核構想を実現するため、一九五九年六月二十日、中共に対して核技術の供与は行えないと通告。これは、中共に対して原子爆弾製造の技術的情報を与えるとの中ソ国防用新技術協定（一九五七年十月締結）を一方的に破棄するもので、中共としては納得できるものではなかった。

結局、一九五九年九月三十日、中華人民共和国の

建国十周年にあわせてフルシチョフが北京を訪問し、毛沢東と首脳会談を行ったものの、あらゆる問題で両者の意見は噛み合わず、両国の共同声明が出せないという異常事態に終わっている。

フルシチョフの訪中にあわせてソ連が発行した中華人民共和国建国十周年の記念切手には、〝友好〟の文字の入った本を一緒に読む両国の若者【図25】や、国旗を背景に握手を交わす両国の労働者【図26】が取り上げられているが、この頃になると、もはや、中ソの亀裂は修復不可能なものとなっていた。

【図25】ソ連が発行した「中華人民共和国10周年」の記念切手のうち、中ソの若者を描いた10コペイカ切手。左側の若者が読んでいる本の表紙には“友好”の漢字が見える。

【図26】ソ連の「中華人民共和国10周年」の記念切手のうちの40コペイカ切手。中国の経済建設にソ連の支援が重要な役割を果たしたことを示すべく、国旗を背景に握手する両国の労働者が描かれている。

大躍進政策の失敗とソ連との対立で内外ともに苦境に陥った中共は、徐々に、長崎国旗事件以来の対日強硬姿勢を修正し始める。

たとえば、浅沼発言が物議を醸していた一九五九年四月五日、前首相の石橋湛山が「現内閣にこの(＝日中貿易問題の)解決を望むのも無理だ。もし岸内閣がだめなら私が出てもいい」との談話を発表し、六月四日、周恩来に書簡を送付していた。そこで、石橋という自民党の大物政治家を突破口として対日関係の改善を図ろうとした周恩来は、八月二十二日付で石橋宛に正式な招請状が送付。これを受けて、一九五九年九月七日から二十六日まで、石橋を団長とする十二名の訪中団が派遣され、周と会談したが、周は石橋が提案した日中米ソの相互不可侵に同意したという。

さらに、十月には日中友好協会と中国人民対外文化協会の間で日中漁業避難協定が締結された。一九五八年の日中民間漁業協定失効以来、中国付近で操業していた日本漁船の拿捕が相次いでいたが、避難協定の締結により、拿捕される日本漁船は激減した。

一方、日本国内では、一九六〇年五月十九日、衆議院日米安全保障条約等特別委員会で新条約案が強行採決され、翌二十日、衆議院本会議を通過すると、一挙に安保反対の世論が盛り上がり、安保闘争は激化した。しかし、安保闘争の参加者の大半は、新条約の内容を理解しておらず、A級戦犯の容疑者に指定された（最終的に不起訴となったが）という経歴を持つ岸が、強行採決で民意と国会を軽視した印象を与えたことへの感情的な反発から、反岸の口実として反安保を唱えているだけだった。このため、条約の自然成立を受けて岸内閣が総辞職すると、反安保のデモも急速に鎮静化する。

一連の安保闘争に際して、もちろん、中国は日米安保改定に反対の意思を表明していたが【図27】、その一方で、安保反対を叫んで多くの国民が集まったことについては好意的にとらえており、軍民二元論と以民促官という従来からの路線はそのまま維持された。

【図27】北京で行われた日米安保反対闘争支持の集会で、演説する廖承志。

第六章

〝二つの中国〟政策とその挫折

岸から池田へ

一九六〇年七月十九日、岸信介内閣に代わり、池田勇人内閣が発足した。

岸から池田への政権交代により、日本国内の空気は一変し、死者が発生し、アイゼンハワーが訪日を断念するほど激しかった〝安保闘争〟は潮が引くように鎮まり、大半の日本国民の関心は池田のスローガンである〝所得倍増〟に集中するようになった。

岸内閣の後継として、第1次池田内閣が発足（日本政府「政府の窓（1960年8月1日号）」より）

一方、一九五八年の長崎国旗事件以来の日中関係の悪化は岸政権の〝反中姿勢〟にあると主張していた中国も、岸の退陣を好機として対日関係の立て直しに向けて動き出す。

一九五八年、ソ連との対立が本格化する中で、毛沢東が発動した大躍進政策は中国経済を疲弊させ、国内には三〇〇〇万人とも四〇〇〇万人ともいわれる餓死者が発生していた。このため、一九五九年四月、毛沢東は国家主席の地位を劉少奇に譲らざるを得なくなり（ただし、中国共産党中央委員会主席の地位には留まり、党内序列一位は維持したが）、劉少奇―鄧小平ラインが党と国家機構を掌握し、毛沢東が推し進めた急進的な社会主義路線を、現実的な路線へと修正する〝調整政策〟が進められることになる。この文脈において、対日貿易を復活させることは国内経済の再建のためにも重要な施策の一つとなりうるが、そのためには、まず、日本との関係を改善する必要があった。

そこで、池田内閣の発足を受けて、周恩来は「(池田内閣は)岸政府と質的な差はないが、量的な差がある」と評し、対日関係改善の意向をほのめかす。そして、一九六〇年八月二十七日、訪中した日中貿易促進会の専務理事、鈴木一雄との会見で日中貿易再開させるための条件として、①政府間協定、②民間契約、③個別的配慮の〝対日貿易三原則〟を提示し、「皆さんから見て友好的であり、双方にとって有利でしかも可能な取引であると思われるものを、紹介してくれればよい」と秋波を送った。

周の提示した三原則は、貿易をはじめとする諸協定は政府間協定によることを原則としつつも、政府の出方によってこれが不可能な場合、一定の条件の下において民間貿易を再開するというもので、具体的には、中共から〝友好商社〟と認定を受けた日本企業が毎年春・秋に開催される〝中国輸出入商品交易会(廣州交易会)〟に参加し、貿易の商談を行うというモデルを想定していた。また、対日貿易の窓口としては〝中国国際貿易促進委員会(日本を含め国交のない国との貿易促進のための組織)〟が指定された。

一方、池田内閣の対中方針は、周恩来が喝破したように、岸内閣と本質的な差異はなく、国府を〝中国〟の正統政権として承認しつつも、現実に中国大陸を掌握している中共政権の存在を実質的に認め、経済交流は進めたいというものであった。

ただし、岸内閣が反共を強調し、北京政府に対して政治的には強硬姿勢を貫いたのに対して、池田内閣はそうした強硬姿勢を取りづらい状況に置かれていた。

すなわち、岸から池田への政権交代があった一九六〇年は、世界史的には〝アフリカの年〟とも呼ばれ、旧仏領を中心に一挙に十七ヵ国が独立を達成。さらに、池田が病気を理由に退陣表明する一九六四年十月までの間に、アジア・アフリカ地域ではさらに十余国の独立国が生まれている。そうした新興独立諸国は、〝非同盟諸国の雄〟として(特にアフリカで)盛大な援助攻勢を展開していた中共が、国府に代わって国連に加盟すべきだと主張するようになっていたからである。

これらの新興独立諸国は、多くの場合、独立後まもなく国連加盟が認められ、国連の〝一票〟を有していた。国連における〝中国〟の代表権を国府が維持してこられたのは、一九五二年の国連総会で米国が提案した〝中国〟の代表権の議論を棚上げにするとの決議が可決されたことを受けてのことだったが、国連に中共支持の加盟国が急増したことで、そうした前提が危うくなっていた。

このため、池田内閣としては、対米協調という日本外交の基本的な枠組のなかで国府を中国の正統政権として遇しつつも、国府が台湾島とその周辺の小島しか実効支配できていないという現実を踏まえ、国府＝台湾とすることで、大陸の北京政府が〝中国〟として国連加盟を果たしたとしても、国連における国府の地位を維持するという解決策を模索した。逆説的だが、北京政府の国連加盟を是認することで、国連における〝台湾〟の地位を保全しようというのである。

一九六一年一月、米国で民主党のケネディ政権が発足すると、同年六月、池田は訪米してケネディと首脳会談を行った【図1】。その際、〝中国〟問題に関して、池田は国府の地位を確定することの重要性を

説明したが、ケネディは国府が国連の加盟権を維持できたとしても、中共の国連加盟には米国内の反対が強いと難色を示している。さらに、池田に同行した外相の小坂善太郎と米国務長官ディーン・ラスクとの会談では、小坂は国連においては中共を排除するよりも国府の地位を維持することの方がはるかに重要なので、同盟国の米国が蒋介石を説得してほしいと訴えた。

【図１】ケネディと会談する池田勇人

しかし、自分たちは対中貿易を行うため、中共に対して〝二つの中国〟論を否定しないといけないので、代わりに国府を説得してほしいという日本の主張は、米国から見ればかなり虫の良いもので、到底受け入れられるものではなかった。

結局、一九六一年の国連総会では、〝中国〟の代表権問題については、総会における三分の二以上の賛成が必要な〝重要事項〟に指定するとの決議案（重要事項誌提案）が、日米に加えてイタリア、オーストラリア、コロンビアの五カ国共同で提出・可決され、事態の先延ばしが図られることになった【図2】。

【図２】1961年９月20日に開会した第15回国連総会の期間中にあわせて、米国は孫文の肖像と国府の象徴である青天白日章を描く“中華民国50年”の記念切手を発行し、あくまでも、国府が“中国”の正統政権であるとの認識を示した。

友好貿易

一方、貿易三原則に基づく日中間の貿易交渉については、まず、一九六〇年十月、高碕達之助を代表とする訪中団が派遣された。

高碕は、一八八五年、大阪府島上郡三箇牧村(現・高槻市)生まれ。旧制茨木中学を卒業後、農商務省水産講習所(後の東京水産大学、現・東京海洋大学)で学び、メキシコに渡って水産技師として勤務し、さらに米国で缶詰製造の技術を学んで帰国した。

帰国後の一九一七年、製缶会社・東洋製罐を創業したが、一九三七年に支那事変が勃発して鉄の供給は滞り始めたため、満洲重工業開発に鉄を譲ってもらうため交渉に向かったところ、満洲での鉄鋼生産を手伝うことになり、満州重工業開発副総裁に就任した。

一九四五年八月八日、ソ連が日本に宣戦布告し、満洲に侵入すると、高碕は日本人会会長としてソ連側と日本人の帰還交渉を担当。一九四六年四月にソ連軍が撤退し、中共軍が満洲に進出すると、中共党や国府と帰還交渉を進め、一九四七年に帰還した。

帰国後は東洋製罐相談役に就任し、製鉄事業の再興に努めていたが、一九五二年、当時の首相・吉田茂に請われて〝電源開発〟の初代総裁に就任。最先端の米国式工法を導入し、当初は十年の工期が見込まれていた佐久間ダムの工事を三年で完成させた。

「佐久間ダム竣工記念」
1956年発行

この工事はその後の土木事業に大きな影響を与え、只見川(ただみがわ)の田子倉(たごくら)ダムや庄川(しょうがわ)の御母衣(みぼろ)ダムの事業計画などに携わった。

一九五四年、電源開発

の総裁を辞し、鳩山内閣の経済審議庁（後の経済企画庁）長官として入閣。翌一九五五年の総選挙で初当選し、本格的に政界入りした。

同年、インドネシアのバンドンでアジア・アフリカ会議が開催されると、鳩山首相の代理で日本政府代表として出席し、インドのネルー首相、エジプト大統領のナセルや周恩来などと親交を深めた。

その後、一九五六年には日比賠償協定の首席全権として日比国交回復の実現にあたり、一九五八年には第二次岸内閣の通産大臣として入閣。日ソ漁業交渉の政府代表となり、北方領土付近の漁の安全操業のために尽力したほか、一九五九年には科学技術庁長官、原子力委員会会長も兼務した。

一九六〇年に池田内閣が発足した時点では閣外にあったが、前年（一九五九年）十月に訪中した松村謙三に推されて訪中団の代表を務めた。

松村は一八八三年、富山県福光町（現・南砺市）で薬種商を営む地主の家に生まれた。一九〇六年に東京専門学校（現・早稲田大学）を卒業後、報知新聞社に入社。一九一二年、父の死で家業の薬屋を継いだが、一九一七年に福光町会議員に当選して政界入り。県会議員を経て、一九二八年、第十六回衆議院議員総選挙（第一回普通選挙）に立憲民政党から出馬して初当選を果たした。

初当選の直後、民政党済南事件調査団の一員に加わって訪中し、張作霖爆殺事件に遭遇。この問題で民政党は中野正剛が質問に立ち、「満州某重大事件」として田中義一内閣の政治責任を厳しく追及し、一九二九年七月、浜口雄幸の民政党内閣が発足した。

松村は終戦まで衆議院選挙で連続六回当選。農政通議員として活動し、終戦直後の東久邇宮内閣で厚生大臣兼文部大臣、続く幣原内閣で農林大臣として入閣。一九四六年の第一次農地改革法案の成立に尽力した。

その後、一時公職追放されたが、一九五一年八月に追放解除になると、大麻唯男（おおあさただお）ら旧民政党出身者と新政クラブを結成。一九五二年二月、芦田均、三木武夫らとともに、吉田茂の自由党に対抗すべく改進党を結成し、中央常任委員会議長に就任した。

一九五四年、鳩山一郎の日本民主党が結成されると政調会長に就任。第二次鳩山内閣で文部大臣を務め、保守合同後は三木武夫が率いる旧国民協同党系の三木派と合同し三木・松村派を結成した。

【図3】郭沫若

中共は、石橋とともに自民党内親中派の大物とみられていた松村を早くから工作対象としており、一九五五年十二月、中国近代文学の開拓者で政治家でもあった郭沫若（かくまつじゃく）【図3】を団長とする、〝訪日科学代表団〟が日本学術会議の招きで来日した際、郭みずから松村と会い、訪中を要請している。さらに、一九五七年には、中日友好協会会長として来日した廖承志（りょうしょうし）も松村と接触し、好感触を得ている。

さて、一九五八年の長崎国旗事件を機に日中関係が悪化すると、一九五九年一月、松村は対中強硬派の岸信介に対する反主流派の統一候補として自民党総裁選挙に立候補。岸の三二〇票に対して松村は一六六票だったが、予想を上回る得票を得たことで存在感を示した。

こうした積み重ねがあって、一九五九年九月の石橋湛山を団長とする訪中団に続き、翌十月、松村を団長とする自民党第二次訪中団が派遣された。

十月二十日、北京空港に到着した松村は、以下のように挨拶した。

◆

日中両国とその国民は、過去二〇〇〇年来、幾多の変遷はあっても、政治、経済、文化の深い絆で結ばれている。今日、両国は政治体制が違い、国際的立場も相違しているが、アジア民族としての立場は全く同一である。相たずさえて進むなら、アジアの繁栄と世界の平和に寄与すること絶大なるものがある。

いまや、世界は新しい時代に直面し、平和確保への大きな努力が払われている。日中両国民の平和への願いはさらに根強いものがある。今回の中国訪問を通じて、この機運をいっそう増大し、相互の理解を深め、両国関係を改善したい。

◆

与党の大物議員でありながら、対米自立と日中友好を公然と主張する松村は、中共にとって願ってもない〝友好人士〟で、周恩来は松村との会談で「中日両国は『平和共存五原則』を基礎に、互いに友好的に付き合うべきで、決して敵視しあうべきではない。中日両国は徐々国交を回復するようにしなければならない」と語ったという。

また、松村が囲碁と蘭の愛好家であったことを事前に調査していた中国側は、蘭の愛好家であった朱徳や囲碁の愛好家であった陳毅に松村を接遇させた。その際、朱は〝蘭友〟として松村を自宅に招待し、松村に蘭の名品を数鉢送っている。

また、陳には日本棋院からは名誉七段の称号を、関西棋院からは七段の段位が授与され、一九六〇年の日本棋院代表団の訪中も決定された。その後、一九六二年には中国棋院の代表団が訪日を果たし、一九六四年には日本の著名棋士二十九人が、日本棋院の会員を中心に八〇〇万ともいわれた囲碁愛好家に日中国交正常化の署名活動への参加を呼び掛けるなど、囲碁界は親中派として取り込まれていく。

なお、松村は一方的に中共の主張を受け入れたわけではなく、長崎国旗事件に関する日本側の処理に法的手続きの面で瑕疵はないことを説明し、「中ソ同盟条約にしても、中国は本心から日本と戦うつもりで締結したものではないと思う。日米安保もこれと同じようなものである」と主張した。こうした態度から、中共は、松村が無責任な媚中派ではなく、自民党の実力者として日中友好を真剣に考えていることを再認識し、それゆえ、松村に対する評価も高めることになった。

さて、松村の推薦で一九六〇年に訪中した高碕は、周恩来の提示した貿易三原則に基づく〝友好貿易〟の実現にこぎつける。

友好貿易では、日本の友好団体である日中貿易促進会（日本共産党との関係が深い団体）、国際貿易促進協会（対中貿易を重視する財界人が設立）と同関西本部、日中友好協会などの貿易・友好諸団体が、中国国際貿易促進委員会に対して〝友好商社〟あるいは企業を推薦したうえで中共の選定を受け、北京政府から指定された商社および企業と民間貿易をする仕組みである。

〝友好商社〟として認定されるためには、中共の「政治三原則」、「政経不可分原則」および「貿易三原則」を支持し、日中国交〝正常化〟の実現促進を謳うことが条件になっていたから、どうしても中小の専業商社が中心となり、政治的な立場を鮮明にしづらい大手総合商社や大企業は貿易のためにダミー会社を設立することはあっても、中共との直接取引を行うのはきわめて困難だった。

このように、一九六〇年末から始まった友好貿易はかなり政治的な色彩の濃いものだったが、断絶状態の日中関係を打開するうえでは一定の役割を果たしたことも事実だった。

LT貿易

〝友好貿易〟はあくまでも民間の商社間の取引であり、従来からの国府との関係には変化はないというのが日本政府の立場である。そのことを確認するかのようにその一例が、一九六二年八月三日に発行された〝アジア・ジャンボリー〟の記念切手【図4】である。

【図4】中国大陸の部分を帽子で隠した“アジア・ジャンボリー”の記念切手

一九六二年のボーイ・スカウトのアジア・ジャンボリーは、八月三日から七日にかけて、富士山麓の御殿場市滝ケ原において開催された。参加国は三十九ヵ国で参加者総数は約二万五〇〇〇名。台湾が〝中国〟として参加したが、中共は参加していない。また、参加国の中にはヨーロッパや南米諸国からの参加者も含まれていた。

このときのアジア・ジャンボリーは、わが国のボーイ・スカウト運動史上はじめての大規模な大会だったため、一九六一年十二月十四日、ボーイ・スカウト日本連盟（以下、連盟）理事長・久留島秀三郎（本業は同和鉱業社長）から郵務局長宛に記念切手発行の申請書が提出されたほか、年明けの一九六二年一月五日に文部省社会教育局長（斎藤正）からも記念切手発行の申請書が提出され、一月二十九日の郵政審議会の専門委員会で記念切手の発行が正式に決定された。

記念切手の図案に関しては、二月二十一日付で連盟から提出された参考写真が不充分であったため、二月二十七日、著名な収集家でスカウト活動にも熱心であった村山有（たもつ）が自らのスカウト切手コレクションを資料として郵務局へ持参。村山は三月一日にもスカウト切手の初日カバーも資料として提供した。こうした村山の協力に加え、二月二十八日には連盟本部もスカウトの制帽や制服を資料として提供。これらを参考に、三月九日までに、四枚の原画が制作され、制帽とアジア地図を描いた郵政省技芸官・久野実の作品が切手として採用された。

さて、切手のアジア地図だが、地図の上にスカウトの制帽を置いた構図になっているが、その結果、中共の支配地域がほとんど隠れていることに注目したい。もちろん、制帽で隠されているジャンボリー参加国は中国だけでなく、ビルマ、パキスタン、イラン、クウェイトなども制帽の下に位置しているし、インドの相当部分も隠れているので、中国を意図的に排除したわけではないとの弁明は成り立つ。しかし、この切手の地図を一見したところ、北京政府が〝中国〟としての参加を認められなかったがゆえに、彼らの領域を帽子で隠したという印象を持つ人が多いであろう。

ところで、日中間の〝友好貿易〟は、貿易の質量にともに限界があり、財界にも中小企業が日中貿易を主導することへの不満が強かった。

そこで、一九六二年春以降、日本国際貿易促進会常任委員の岡崎嘉平太（かへいた）（当時は全日空社長）を中心に、メーカーやメーカー団体が直接参加する長期総合バーター協定（岡崎構想）案が作成された。同案は、日本政府の検討を経て、同年七月に来日した孫平化（そんへいか）に提示され、同年九月、松村謙三が訪中して周恩来と大筋合意を成立させる。

松村の訪中は、ちょうど中秋節の時季にあたっていたため、周は「花好月圓人寿（美しい花、丸い月、長寿の人）」という詩句で、八十歳の松村謙三の健勝と長寿を祝い、松村に中日友好のために更に貢献し、両国関係に〝花好月圓〟の新時代をもたらしてほしいとの願いを表明し、松村はこれを受けて両国の友好関係の促進に努めることを表明した。

こうした前段を経て、一九六二年十月二十八日、高碕達之助を団長とし、二十二社の企業トップを含む四十二人の訪中団が北京に到着。周と松村の間での大筋合意を基に協議が行われ、十一月九日、廖承志と高碕が「日中長期総合貿易に関する覚書」に調印した。さらに、翌十二月には「中国政府によって提示された日中関係における政治三原則、貿易三原則および政経不可分の原則を支持すること」を友好貿易の基礎であるとした議定書が、中国国際貿易促進委員会と、日中貿易促進会、日本国際貿易促進協会、日本国際貿易促進協会関西本部によって署名された。

「日中長期総合貿易に関する覚書」に基づく貿易は、廖（Liào）と高碕（Takasaki）のイニシャルを取って〝LT貿易〟と呼ばれた。

ここで、あらためてLT貿易の当事者として歴史に名を遺すことになった廖承志【図5】について簡単にまとめておこう。

【図5】廖承志

廖は、一九〇八年、孫文の盟友だった廖仲愷（45ページ【図12】）と、革命の同志であった何香凝の子として、東京の大久保で生まれた。少年時代を東京で過ごし、日本語と廣東語のバイリンガルとして育った。

十一歳の時に中国に戻り、嶺南大学（現・中山大学）に入学したが、一九二五年、父が暗殺されると、再来日して早稲田大学附属第一高等学院で学んだ。一九二八年の済南事件をきっかけに帰国し、中国共産党に入党。一九二八〜三二年に渡欧してヨーロッパの中国人船員のオルグ（宣伝・勧誘活動）工作を担当する傍ら、一九三〇年にはモスクワ中山大学で、蔣介石の息子で後に中華民国総統になる蔣経国とも机を並べている。

一九三二年に帰国し、中華全国総工会宣伝部部長に就任。一九三七年に支那事変が勃発すると、香港で抗日華僑を組織化する責任者となった。

一九四二年から四六年まで国共対立の余波で下獄したが、一九四六年に米国の仲介による国共間の捕虜交換で釈放され、国共内戦中は中共の新華社社長、党南方局委員、党宣伝部副部長などを歴任。

一九四九年の建国後は政府の華僑事務委員会副主任、党中央統一戦線工作部主任など対外工作の中軸を担い、周恩来の絶大なる信頼の下、対日政策と華僑対策を取り仕切った。

周恩来が廖承志を対日交流の窓口の具体的な責任者として選んだ理由としては、①廖が日本生まれ・日本育ちであり、日本語が堪能で日本事情も熟知していること、②対日統一戦線を作るには、主に日本社会の上層階級の人々との接触が必要だが、廖は上層階級家庭の出身なので適切であること、③廖は日本に人脈が多く、交際の幅も広いこと、などが挙げられている。

さて、LT貿易の覚書は一九六三年から一九六七年までを第一次五ヵ年とし、年間貿易額は三六〇〇万ポンド。日本からは鉄鋼、化学肥料、プラントなどが、中国からは石炭、鉄鉱石、大豆などが輸出されることが定められていた。

このうち、日本からのプラント輸出に関しては、当初、今回の貿易取り決めからは切り離すというのが日本政府の方針だった。中国側の支払能力を疑問視していた日本政府としては、中国側の延払い（のべばらい）には、日本政府は関与せず、中国銀行が保障を行う限りにおいて容認するという立場だったからだ。

しかし、高碕は日本からの輸出品目にプラントを加え、中国側の支払いを年利四・五パーセントの延払いとし、日本輸出入銀行（輸銀）が融資を行うことで中国側と合意した。

これを受けて、一九六三年七月、輸銀融資を条件とする倉敷レイヨン（現・株式会社クラレ）のビニロン【図6】・プラントの輸出契約が正式に調印された。当初、日本政府は輸銀融資に慎重姿勢を示していたが、翌八月、金利を六パーセントとすることを条件に、この契約を承認した。

【図6】1964年12月30日に中国が発行した「化学工業の発達」の切手のうち、“合成繊維”と題してビニロン・プラントを取り上げた切手。ビニロン繊維（PVA繊維：ポリビニルアルコール繊維）は、ナイロンから2年遅れの1939年、京都帝国大学の桜田一郎および共同研究者の李升基、大日本紡績（現・ユニチカ）の川上博らによって世界で2番目に作られた合成繊維で、1950年、倉敷レイヨン（現・クラレ）が工業化に成功した。

輸銀問題と国際青年会議所沖縄会議

LT貿易は、それまで友好商社間での取引であった日中貿易に比べて、契約期間の長期化、取引品目の多様化などを実現し、また実務担当者の間に直接契約を結ぶこともできるようになった。このため、中国側はこれを〝準政府レベル〟、〝半官半民〟の契約であるとして、その外交的成果を強調した。

もっとも、日本政府は〝中国〟の正統政府は国府であるというのが建前であったから、LT貿易はあくまでも民間の契約にすぎず、中国側の担当者には外交官待遇を与えないだけでなく、関係事務所での国旗掲揚も許可しなかった。

一方、LT貿易に対して国府は不快感をあらわにし、倉敷レイヨンのビニロン・プラントの輸出契約に関して輸銀の融資が認められた翌日の一九六三年八月二十一日、総統府秘書長の張群が台北駐在の日本大使、木村四郎七を呼び、蔣介石の伝言を携えて厳重に抗議した。さらに、翌二十二日、蔣は吉田茂宛に電報を打ち、駐日大使の張厲生が外相の大平正芳(後の首相)に抗議を伝えた。

なお、大平は一九三五年に大蔵省に入省し、支那事変下の一九三九年から四〇年にかけて張家口(ちょうかこう)の蒙(もう)疆(きょう)連絡部で勤務し(日本軍が内蒙古で行っていたアヘン工作に関与していたと言われる)、帰国後も頻繁に大陸に出張していた経験から、戦後は〝中国〟に対して極めて強い贖罪意識を持っていた。このため、親大陸色が濃厚で、国府に対しては冷淡だった。当然、張大使の抗議に対しても誠実に対応しようとはしなかった。

そこで、張大使は二十四日、池田への圧力を期待して蔣介石の親電を携えて大磯に吉田茂を訪ねたが、そうした対応に苛立った池田は台湾の大陸反攻政策は幻想に近いとの内容の発言をしてしまう。当然のことながら、国府は激怒し、九月二十一日、駐日大使の張は本国に召還された。

ところで、一連の騒動の最中、九月十六日から十九日まで、米施政権下の沖縄では〝国際青年会議所沖縄会議〟が開催されたが、その会期初日に発行された記念切手【図7】は当時の米国の極東認識を示すものとして興味深い。

【図7】国際青年会議所沖縄会議の記念切手

一九一〇年に米国で始まった青年会議所運動は各国にも広まり、一九四四年十二月、メキシコに八ヵ国の代表が集まり、「すべての国の民族・宗教を含めた青年の組織」をモットーに国際青年会議所が設立され、一九四六年にパナマで第一回世界会議が開催された。

わが国では、占領時代の一九四九年、最初の青年会議所として東京青年商工会議所が設立され（翌一九五〇年、東京青年会議所と改称）、一九五一年には全国各地で活動していた青年会議所の総合調整機関として日本青年会議所（日本ＪＣ）が設けられ、同年、国際青年会議所への加入が認められた。

日本ＪＣは、一九五九年、米施政権下にあった沖縄・那覇での青年会議所設立を呼びかけ、これを受けて、同年六月二十日、現在の那覇青年会議所の起源となる沖縄青年商工会議所が設立された。

沖縄青年商工会議所は、同年十一月、一国なみの資格を有する沖縄ＪＣとしての加盟が正式に承認され、一九六三年の国際会議開催となった。

那覇での会議には世界十六ヵ国が参加したにもかかわらず、会議初日に発行された記念切手に描かれている地図はアジア・太平洋地域限定で、日本、韓国、台湾、香港、フィリピンの五ヵ国のみが赤く塗られている。おそらく、当時の琉球列島高等弁務官

1963年9月16日、国際青年会議所沖縄会議（JCI Conference Okinawa）で挨拶するキャラウェイ高等弁務官。（沖縄県公文書館所蔵）

キャラウェイと米軍の意向を反映したものだろう。

一九六一年二月十六日から一九六四年七月三十一日まで第三代琉球列島高等弁務官を務めたポール・ワイアット・キャラウェイは、一九〇五年、アーカンソー州生まれ。

ジョージタウン大学を卒業後、一九二九年に陸軍士官学校を卒業し、少尉任官。一九四二〜四四年には陸軍省の参謀幕僚を務め、CBI（中国・ビルマ・インド）戦線で陸軍参謀長アルバート・C・ウェデマイヤー大将を補佐。一九四五年に陸軍准将に昇進し、一九四五〜四六年は軍事連絡部の将官として中国・重慶に勤務した。一九五五〜五六年には韓国で第七歩兵師団の指揮を執り、一九五七〜五八年には在日米軍本部で参謀幕僚を務めるなど、米陸軍でも有数のアジア通としてキャリアを積み、一九六一年二月十六日、琉球列島高等弁務官として那覇に着任した。

キャラウェイは、沖縄は中共に対する重要な防衛拠点であり、米軍が沖縄を占領し続けることが沖縄にとって有益であると信じており、その前提の下、沖縄経済は米施政権下でこそ成長が可能であり、沖縄が日本復帰すれば権威主義者による支配や沖縄住民に対する差別が行われると考えていた。

このため、キャラウェイは住民による自治運動を厳しく鎮圧し、琉球政府の存在を軽視し、立法院が議決した法案にはつぎつぎと拒否権を発動。また沖縄の議員選挙に介入して人民党候補者の候補資格を失効させ、また、軍雇用者の採用には厳しく思想調査をおこない、反米と見なした者は容赦なく追放した。こうしたキャラウェイの姿勢は、住民からは〝キャラウェイ旋風〟と呼ばれて恐れられた。

一九六三年三月五日、沖縄の鹿鳴館と呼ばれていた那覇市のハーバービュー・クラブにおける金門クラブ月例会で、キャラウェイは「沖縄住民による自治は神話に過ぎない」、「琉球政府への権限委譲は行政命令にも規定し、努力も払われているが現在の琉球政府の状態ではまだまだ」と発言し、住民らによる自治を全面的に否定。これに対して、当時の駐日米国大使エドウィン・O・ライシャワーは沖縄における自治の拡大を提案しており、本国のジョン・F・ケネディ政権はこれを支持していたが（実際、一九六二年にはケネディは沖縄を日本に復帰させる意欲さえ示している）、キャラウェイは、ライシャワーのプランは、米国の太平洋戦略にとって死活的に重要な米軍基地を無力化するものとして、これに真っ向から反対。大使館からの重要な情報を沖縄には伝達せずに保留するなど抵抗していた。当然、池田内閣の対中宥和的（とみられる）政策には不満である。

国際青年会議所沖縄会議の切手は、金門クラブでのキャラウェイ発言から約半年後に発行されたもので、数ある会議参加国・地域の中から、日本、韓国、台湾、香港、フィリピンの5ヵ国のみを赤く塗っているだけでなく、沖縄を中心にした各国・地域を結ぶネットワークのイメージとなっている。これは、沖縄が日本と台湾を結ぶ〝太平洋の要石〟であるとの認識を示したものだが、あるいは、〝国際青年会議所沖縄会議〟という切手発行の名目は、そうした認識を切手というかたちで示すための方便として使われたというほうが実態に近かったのかもしれない。

吉田訪台と吉田書簡

さて、国府と米国の懸念をよそに、日中間のLT貿易は粛々と進められていたが、一九六三年十月七日、中国油圧機器訪日代表団【図8】の通訳として九月から来日していた周鴻慶（しゅうこうけい）が、ソ連大使館に亡命を申請。その後、周は亡命希望先を台湾に変更し、亡命先に指名された国府は日本側に周鴻慶の引き渡しを強く求めた。

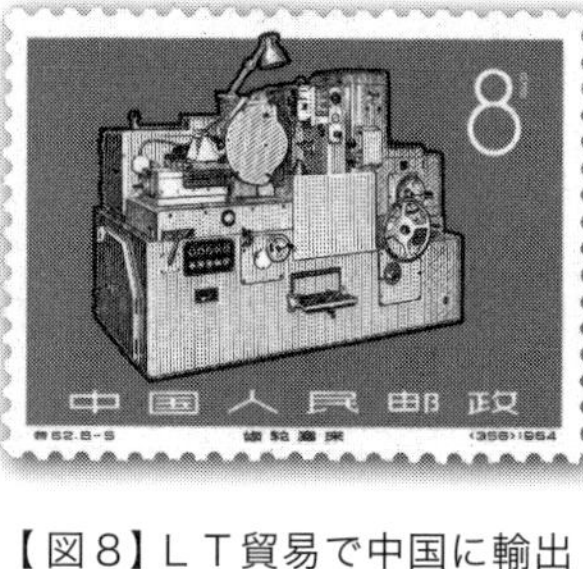

【図8】ＬＴ貿易で中国に輸出された油圧機器のうち、歯車研削盤（右）と立て旋盤（左）は、1964年発行の"工業の新製品"の切手にも取り上げられた。

しかし、中共との関係悪化を恐れた日本外務省はパスポートの期限切れを理由に十月八日、周を拘留。十月二十四日には〝本人の意志〟が中共への帰国に変わったとして、同二十六日、法務省が強制退去命令を発する。

事態が緊迫化する中で、十月三十日、首相の池田は自民党副総裁の大野万睦（ばんぼく）を台北に派遣して蒋介石をなだめようとしたが、輸銀融資と周鴻慶の中国への送還に強硬に反対しており、取りつく島はなかった。蒋経国の側近で特務を担当していた陳建中（ちんけんちゅう）が日本に派遣され、周鴻慶の中国送還を阻止するため、自民党内の親台派議員とも水面下で接触した。

しかし、結局、拘留期限切れとなる一九六三年十二月末、周の大陸送還が最終的に決定され、周は一九六四年一月十二日、大陸に送還された。

これに対して、一九六四年初、国府は東京駐在の代理大使、参事官(二名)、一等書記官の計四名を本国に召還するとともに、政府による日本産品の買い付け(日本からの全輸入の四割を占めていた)を停止した。

こうして、極端に悪化した日華関係を打開するため、一九六四年二月、吉田茂が訪台して蒋介石と会談。蒋はプラント対中輸出に対する輸銀融資の停止を求めるとともに、①中国大陸の民衆を自由主義陣営に引き入れる【図9】ことを目的とする、②この目的を達するために日本と国府は提携協力する、③日本は国府の大陸反攻に道義的・精神的支援を与える、④日本は〝二つの中国〟に反対する、⑤日本と大陸との貿易は民間貿易に限定し、日本政府は中共に対する経済援助を慎む、ことを骨子とする「中共対策要綱案」を提起。吉田は日本政府への働きかけを約束した。

【図9】台湾が1963年に発行した、〝自由を求めて大陸を後にした人々〟への支援を呼びかけた切手

しかし、吉田の訪台後もLT貿易を推進しようとする流れは収まらず、一九六四年四月、松村謙三や岡崎嘉平太が訪中し、五人の人員からなるLT貿易連絡事務所を相互に設置すること、連絡事務所を窓口として八人以内の新聞記者を交換すること(「日中双方の新聞記者交換に関するメモ」)、などが決められた。また、翌五月にはニチボー(旧大日本紡績)が中国とビニロン・プラント輸出の仮契約が結ばれる。

これに対して、国府はニチボー・プラントの輸出を阻止すべく、国民党秘書長の張群が木村駐華大使を通じて吉田茂と接触し、吉田は五月七日付の張群宛書簡(いわゆる吉田書簡)を送り、①対中プラント輸出への融資を民間ベースとすることについて国府の意向に沿って検討を進める、②本年度中はニチボーのビニロン・プラントの対中輸出を認める考えはない、と返答した。

吉田書簡の内容は事前に吉田の〝弟子〟で首相の池田勇人に知らされており、当初は非公開とされていたが、五月九日、官房長官の黒金泰美が書簡の内容を政府の方針として発表した。池田としては、吉田書簡の内容を公表することで当面(一九六四年度中)は国府の顔を立てるものの、ほとぼりが冷めた頃を見計らって翌年度中には輸銀の融資を認めるつもりだったという。

さらに、国府対策として、七月には外相の大平が訪台し、蒋介石・宋美齢夫妻と台北の総督府で会談した。前述のように、国府と蒋介石に対して好感情を持っていなかった大平は会談でもほとんど口を開かず、約二時間の会談時間中、秘書官として同行した女婿の森田一がほとんど蒋夫妻の相手をしていたという。

それでも、日本の現職外相が戦後初めて訪台したということで、国府は矛を収め、対日買い付けの停止措置も解除し、(少なくとも表面上は)日華関係は正常化する。

五輪と中国

一九六四年十月十日、戦後日本の高度経済成長のモニュメントともいうべき東京五輪の開会式が行われた。これに先立つ八月十三日には廖承志東京駐在事務所が開設され、同年九月二十九日には中国の駐日記者が東京に到着している。

〝中国〟と五輪との関係は、中華民国時代の一九二二年、上海で創設された〝中華業餘運動聯合會〟が、同年パリで行われた国際オリンピック委員会（IOC）年次総会で国内五輪委員会（NOC）として認められたのが始まりで、一九三二年のロサンゼルス五輪、一九三六年のベルリン五輪には中国選手団も参加した。

1936年のベルリン五輪で、入場行進する中国選手団。
（Official Report of the 1936 Olympic Games, v.1）

その後、戦争の影響で一九四〇年および一九四四年の大会は中止となり、大戦後の国共内戦の最中、中国五輪委員会は上海から南京に本部を移転し、中国スポーツ界の再建を目指した。しかし、一九四九年、中華人民共和国の成立が宣言され、内戦に敗れた国府が台湾に遷移すると、中国五輪委員会も分裂。南京から台湾に移ったグループは、中国五輪委員会本部の台北移転をIOC本部に通知し、IOCも一九五一年七月二十八日付でこの組織を従来からの中国五輪委を継承する団体として承認した。

一方、大陸に残留したグループは、北京で別の〝中国五輪委員会〟を結成し、IOCにその承認を申請。そこで、IOCは一九五二年のヘルシンキ五輪については、北京の五輪委の資格についての判断を保留したうえで、〝北京の全中国体育連盟〟と〝台湾の中国五輪委員会〟の双方の参加を認めることとしたが、同大会には北京のみが参加し、台湾は参加しなかった。

ヘルシンキ五輪後の一九五四年、IOC総会はあらためて〝台湾の中国五輪委員会〟の公認を継続したまま、〝中華人民共和国五輪委員会〟を承認した。

これに対して、中共は「IOCが〝二つの中国〟を作り出す陰謀を持っている」として、一九五八年にIOCを脱退し、一九七九年まで復帰しなかった。

ところで、一九六二年八月、インドネシアのジャカルタで第四回アジア競技大会が開催されたが【図10】、その開催に先立ち、〝第三世界の盟主〟を標榜していたスカルノ政権は、アラブ諸国および中共との連携を重視して、参加資格を有するはずのイスラエルと台湾の選手団に対してビザを発給せず、インドネシア入国を認めなかった。

【図10】インドネシアが開催国として発行した第4回アジア大会の記念切手

これに対して、IOC、国際陸上競技連盟、国際ウエイトリフティング連盟は、参加資格を有する国の参加を認めないことを理由に、第四回アジア大会を正規の競技大会とは認めないとの方針を表明。さらに、翌一九六三年四月にIOCがインドネシアのIOC加盟国としての資格停止（オリンピック出場停止）を決議すると、これに対抗しアラブ諸国十二ヵ国が一九六四年の東京五輪のボイコットを示唆して、対立が深まった。

このため、一九六三年四月二十八日、インドネシアはIOCからの脱退を表明し（ただし、実際には脱退しなかった）、中共を含む共産諸国、新興アジア・アフリカ諸国と同調して一九六三年十一月にジャカルタで新興国競技大会（GANEFO：Games of the New Emerging Forces）【図

【図11】インドネシアが開催国として発行したGANEFOの記念切手

11】を開催。五十一ヵ国二七〇〇名が参加した。

もっとも、IOCをはじめ既存の国際競技連盟はGANEFOに出場する選手は五輪参加資格を失うと宣言していたため（ちなみに、JOCは日本人選手が参加した場合は国体への参加資格も剥奪するとしていた）、IOCを脱退していた中共以外は有力選手を出場させず、ソ連をはじめ多くの国は二線級の選手を派遣してお茶を濁したため、スポーツの競技大会としては、一部を除き低調に終わった。

【図12】 台湾が発行した東京五輪の記念切手

一九六四年の東京五輪にも中共は代表団を派遣せず、〝中国〟としては国府のみが参加【図12】。聖火リレーのコースも、ギリシャを出発した後、中東、インド、東南アジア諸国を回り、フィリピンから台湾、香港、米施政権下の沖縄を通って日本に至るルートをたどっている。

両弾一星（りょうだんいっせい）

一方、この時期の中共は一九六四年十月の〝建国十五周年〟にあわせて最初の原爆実験を行うべく準備を進めていた。そしてそのタイミングは、結果的に東京五輪とも重なるものとなり、日本への威嚇となった。

前述のとおり、中華人民共和国は建国当初から核開発を志向していたが、一九五八年の金門砲戦後、台湾問題で毛沢東が暴走することを恐れたフルシチョフは、一九五九年六月二十日、中共に対して核技術の供与は行えないと通告。この結果、ソ連が原子爆弾製造の技術的情報を中共に与えるとの中ソ国防用新技術協定(一九五七年十月締結)は破棄され、ソ連の支援で核開発を進めていた中共のプランは根本から見直しを迫られた。ちなみに、後に中国科学院第二機械工業部(核開発の中軸を担う部署)の部長、劉傑(りゅうけつ)は、原爆開発の暗号名として、ソ連の協定破棄の年月にちなむ〝五九六〟を採用している。

さて、基本戦略の見直しを迫られた中共党中央は、一九五九年七月、八年後に原爆を完成させるとの計画を策定する。

ところが、一九六〇年六月五日、北京で開催された世界労働組合連盟会議で、中共は「フルシチョフの平和共存論は間違いで、資本主義が存在する限り戦争は不可避である」と主張。これに対して、ソ連側は「中共はわれわれの顔につばを吐きかけた」と応じ、中ソの亀裂は決定的になった。そして、六月二十一日に行われたブカレスト会議で、ソ連は中共の主戦論を批判。フルシチョフは、帰国後一〇〇〇人以上のソ連人顧問を大陸から帰国させ、対中援助を停止した。

そこで、中国科学院第二機械工業部は、前年の計画を前倒しして、〝自力更生〟によって五年以内に原爆を完成させて核実験を行い、八年以内に一定数の核兵器を保有することを提起する。すでに、一九六〇年二月九日、中共はソ連から技術供与を受けた観測ロケットT－7の打ち上げに成功しており、新方針が提起されてまもない同年九月十日には中国製推進剤が使われたR－2ロケットの打ち上げに、同十一月五日には中国の短距離弾道ミサイル東風1

号の初の打ち上げに、それぞれ成功するなど、中共の〝両弾一星〟計画は着実に実績をあげていた。

両弾一星の〝両弾〟は原子爆弾（後に水素爆弾）と大陸間弾道ミサイル（ICBM）、〝一星〟は人工衛星のことで、この開発計画を主導したのは米国から帰国した物理学者、銭学森（せんがくしん）【図13】だった。

【図13】銭学森

銭は清末の一九一一年、杭州生まれ。国立交通大学上海本部（現・上海交通大学）で鉄道工学を学んだ後、一九三五年に渡米してマサチューセッツ工科大学の航空学科に入学し、同大で修士号を、カリフォルニア工科大学で博士号を取得した。一九四二年からは米国の原爆開発計画であるマンハッタン計画にも参加し、第二次大戦後はマサチューセッツ工科大学、カリフォルニア工科大学の教授を歴任し、一九四九年に米国の市民権を申請した。

ところが、一九五〇年、当時の米国の〝赤狩り旋風〟に巻き込まれ、共産主義者との嫌疑で逮捕されてしまう。その後、約五年間の軟禁生活の後、アイゼンハワー大統領の許可で朝鮮戦争の米軍捕虜と交換で中共に身柄を引き渡され、帰国後の一九五六年八月、弾道ミサイルの開発機関として国防部第五局が創設されると、その第一副局長兼総工程師に任命された。さらに、国防部第五局が国防部第五研究院に発展的に改組されると、一九五七年、銭はその院長に就任し、中共の弾道ミサイル開発を主導した。

この銭学森を筆頭に、鄧稼先（とうかせん）（パデュー大学出身）【図14／次ページ】、郭永懐（かくえいかい）（トロント大学、カリフォルニア工科大学出身）【図15／同】、銭三強（せんさんきょう）（パリ大学、コレージュ・ド・フランス出身）【図16／同】、王淦昌（おうかんしょう）

【図14】鄧稼先

【図15】郭永懐

【図16】銭三強

【図17】王淦昌

【図18】朱光亜

（ベルリン・フンボルト大学出身）【図17】、朱光亜（しゅこうあ）（ミシガン大学出身）【図18】ら海外の一流大学で研究経験のある中国系の研究者がかき集められ、原爆（後に水爆）ならびにミサイルの開発に従事した。

こうした状況の中で、一九六二年十月二十二日、いわゆるキューバ危機が発生する。

一九五九年のキューバ革命後、キューバのカストロ政権が土地改革を断行し、米国企業の土地を接収したことで、米国とキューバの関係は悪化。一九六一年のプラヤ・ヒロン事件で、米国がCIAの支援した在米亡命キューバ人部隊でカストロ政権の排除を企てるも失敗すると、カストロは社会主義を宣言し、米国と激しく対立した。そこで、ソ連はキューバへの軍事支援を急増させ、キューバ島に核ミサイルを配備することを計画。これが露見し、キューバからの核ミサイルの撤去を求める米国とソ連の対立が先鋭化し、核戦争寸前ともいわれる緊張が全世界を覆った。

結局、このときは、米国がトルコに配備していた中距離核ミサイルを撤去する代わりに、ソ連もキューバに核ミサイルを配備しないということで妥協が成立。したがって、純粋に軍事バランスの点でいうなら、キューバへのミサイル配備を完了していなかったソ連が失ったものはなく、米国のみが譲歩を余儀なくされたというのが実態である。

ところが、米国のケネディ政権は、国際社会に対して「米国が毅然たる態度を示したので、ソ連はキューバへのミサイル配備を断念した」という印象を与えることに成功し、軍事的な失点を補って余りある政治的な成果を獲得した。

キューバ危機を契機に、フルシチョフの思惑通り、米国により大きな譲歩を求めるかたちでの米ソの軍縮・宥和が進んでいく。一九六三年六月には米ソ間でホットラインが創設され、同年八月五日には米英ソ三国による部分的核実験停止条約も調印された。

これに対して、中共はキューバ危機におけるソ連の対応を、米国に対する過度な譲歩であり、社会主義の盟主として同盟諸国に対する〝核の傘〟を放棄した裏切りと認識した。そのうえで、部分的核実験停止条約が結ばれたことは、米英ソ三国が国際システムを構築し、中共の核開発を阻止することを意味していたから、その体制を唯々諾々と受け入れることは（ソ連からの支援が期待できない以上）中華人民共和国の存立基盤を危うくするものであり、それゆえ、中共独自の核武装が必須であるという結論が導かれることになる。そして、一九六四年十月の中華人民共和国の建国十五周年【図19/次ページ】というタイミングに合わせて、原爆実験を行うべく一九六二年十一月三日、毛沢東によって〝二年計画〟が決定された。その実務を担ったのが、海北（かいほく）チベット族自治州に設立した秘密研究都市、第九学会（北西核兵器研究設計学会、二二一工場とも）である。

両弾一星プロジェクトの科学者が研究を続ける中、一九六四年一月、中国は高濃度ウランを獲得。これを受けて、中央十五人専門委員会は、同年六月頃には原爆実験が可能であるとの見通しを党中央に報告した。はたして、同年四月には、中国は核開発に不可欠なウラン二三五も獲得している。

【図19】中華人民共和国成立15周年記念の切手シート

中仏国交樹立の衝撃

この時期、中共の核開発が一挙に進んだ背景としては、一九六四年一月の中仏国交正常化の影響が指摘されている。

一九五四年七月のジュネーヴ協定まで、中共は（第一次）インドシナ戦争でフランスと戦うホーチミン勢力を支援していた。また、ジュネーヴ協定で曲がりなりにもインドシナ諸国の独立が認められると、これに刺激を受けたアルジェリアでも同年十月、それまでの独立運動を統合するかたちでアルジェリア民族解放戦線（FLN）が結成され、翌十一月、独立戦争が勃発。圧倒的な兵力のフランス軍に対して、FLNはアルジェを中心とした都市でのゲリラ戦術で抵抗した。中国は〝植民地解放〟の建前からFLNを支援したため【図20】、中仏関係は険悪なままだった。

【図20】アルジェリア独立にあわせて中国が発行した“アルジェリア支援”の宣伝切手

しかし、一九五八年六月、フランスでシャルル・ド・ゴール政権が発足。翌一九五九年九月、ド・ゴールはアルジェリア人に民族自決を認めると発言し、アルジェリア支配の継続を主張する国内の反対派を抑え込んで、一九六二年三月十八日、FLNと和平協定（エヴィアン協定）を結んだ。その結果、同年七月一日の国民投票を経て、同五日、〝アルジェリア民主人民共和国〟が独立する。

ところで、ド・ゴール政権は一九五八年六月の発足当初から米国への対抗姿勢を明確にしており、米国主導のNATOや国連に対して批判的な態度を取っていた。この姿勢は、結果的に中共の立場とも共通する。

このため、早くも一九六〇年八月の時点で毛沢東はフランスが米国に不満を抱いていることをふまえ、北戴河（ほくたいが）の中央工作会議では〝中間勢力〟を取り込む方針を指示していたが、一九六二年にアルジェリアが独立したことで、中共にはフランスと積極的に敵対する理由がなくなった。

一九六三年九月、毛沢東は国際情勢について論じ、ド・ゴールを米国の衛星国にはならない指導者であるとし、資本主義国家内部にも対立があると指摘した。東側世界における中ソ対立とパラレルなかたちで西側社会に米仏の亀裂があるなら、それを積極的に利用しようとの意思表示である。

また、前年（一九六二年）の部分的核実験停止条約についても、当初からフランスはこれを拒否し、同条約の仮調印後、本調印が行われる前の七月二八日にそのことを公開しており、米英ソによる核兵器独占に反対するという点でも中共と共同歩調を取ることに矛盾はなかった。

かくして、一九六四年一月、フランスは中共との国交を樹立する【図21】。

【図21】中仏両国が同図案（上「南京・秦淮河」、下「パリ・セーヌ川」）で発行した、“国交樹立50周年”の切手（フランス発行分）

ちなみに、国交樹立交渉の過程で、フランスは、「中華人民共和国を〝中国〟の唯一の合法政府として認めるが、国府が自ら断交しない限り、フランス政府が強制的な措置を取ることはない」として、中仏国交樹立後も台湾との関係を維持する意思を示していた。当初、日本政府はこの〝フランス方式〟に倣えば、中共との国交樹立後も国府との関係を維持できるものと考え、池田首相は一月三十日の衆議院予算委員会で「中国の国連加盟が実現すれば日本も中国政府を承認したい」と答弁したが、二月十日、肝心の国府がフランスと断交してしまい、国府との関係を維持したまま中共とも国交を結ぶ可能性は完全に潰えてしまった。

さて、中共と国交を樹立した一九六四年の時点で、フランスは、国内のリムザン、フォレーズ、ヴァンデーの三地区で年間一二〇〇万トン以上のウラン鉱石を採掘していたほか、ガボンおよびニジェール（いずれも旧仏領のアフリカの国）でもウラン鉱山の採掘を行っており、世界有数のウラン保有国であった。また、マリー・キュリー以来の原子力技術についての蓄積も相当なものがあった。もちろん、中国国内でも内蒙古自治区などでウランが採掘され、蘭州には濃縮プラントも存在していたが、やはり、フランスとの国交樹立直後に中共のウランの確保が進んでいることを考えると、そこに何らかの関係があると考えるのが自然だろう。

中共、アジア最初の核保有国に

いずれにせよ、中共が〝建国十五周年〟にあわせて原爆実験の準備を着々と進める中で、一九六四年十月十日、東京五輪が開幕した。翌日の『人民日報』（中共党中央委員会機関誌）は、東京五輪に関して以下の論評を掲載した。

◆

ＩＯＣ会長の「スポーツは政治から離れるべきである」という主張は、全く偽りである。無数の事実が、米国の帝国主義とその追随者がスポーツを利用してＩＯＣなどの国際スポーツ組織が政治の陰謀を実行するための道具になったことを証明した。国際スポーツ界で「二つの中国」あるいは「一つの中国、一つの台湾」の陰謀を企てたり、数回にわたりインドネシアにオリンピック参加の禁止処分を出したりする。ＩＯＣは会長などの操縦の下ですでに没落し、米国の帝国主義の政治の道具となり、不潔な政治の陰謀を働く組織になった。

◆

また、『文匯報』（香港を拠点とする中共系の新聞）は、冒頭、中国体育委員会と中国新興力量運動会全国委員会による以下の声明を掲載している。

◆

米国の帝国主義分子のブランデージが操作する国際オリンピック委員会は、国際陸上競技連盟と国際水泳競技連盟にインドネシアと北朝鮮の選手団の中で第1回GANEFO大会に参加した選手に対し、東京大会への参加禁止を指示した。これにより、国際オリンピック委員会、国際陸上競技連盟と国際水泳競技連盟などのスポーツ組織は帝国主義の政治の道具であることが再び証明された。中国はインドネシアと北朝鮮の東京大会ボイコットを支持している。彼らの勇敢な行為は必ずアジア、アフリカと南米などの全世界の各国人民の支持を得るだろう。

◆

ただし、『文匯報』では香港選手の結果などを中心に大会の様子なども詳しく報じており、同紙が中国大陸に持ち込まれることで、東京五輪についての大まかな情報はある程度知られていた。

世界各国の注目が五輪に集まり、中共に関しては、五輪不参加を正当化する政治的言説を除けばほとんど無関係とみられていた中で、十月十六日(現地時間で午後三時、日本時間では午後四時、グリニッジ標準時は午前七時)、高濃縮ウランを使用した中国初の核実験が新疆ウイグル自治区ロプノールの実験場で実施され、中共は米ソ英仏に続いて世界で五番目、アジア初の核保有国になった【図22】。

同日、中共政府は「わが国の核兵器開発の目的は核保有諸国の核独占を破り、核兵器をなくすことである。核兵器保有国および近くそうなる国が核兵器を使わないことを約束する首脳会談の開催を提案する」との声明を発表した。

米国は即座に首脳会談を拒否したが、英国では現

【図22】中国最初の原爆のキノコ雲を背景に、開発に携わった科学者の肖像を取り上げた官製絵葉書

地時間の十六日に発足した労働党のハロルド・ウィルソン新内閣が、翌十七日、「中国の核実験はアジアの軍事情勢に影響を与えない」とのコメントを発表しており、中共の核保有をさほど深刻に受け止めていなかったことが伺える。

また、日本政府の官房長官（鈴木善幸）談話は「政府として改めて抗議文書は送らない。現在の核戦略体制が根本から影響されることはない。今後核実験を繰り返さぬよう部分的核実験停止条約に参加を求める」として、米国の〝核の傘〟に入っている限り、日本は安泰だとの楽観的な見通しを示していた。

もちろん、広島市原爆被爆者協議会や南原繁・大江健三郎など、中共の核実験に対する抗議の声も少なからずあったが、「核実験に反対していた中国が実験したことは非常に残念だ。ただ、沖縄の問題、原子力潜水艦寄港、F-105戦闘爆撃機の日本のために、日本人の立場として中国に抗議できないのを大変残念に思う」（広島県原水協理事長・佐久間澄）、「中国が実験を行った背景を冷静に検討する必要がある」（原水禁広島協議会事務局長・伊藤満）、「中国の核実験は祖国の防衛だけでなく、アジアにおける核戦争を防止するための防衛的な措置である」（日本共産党書記長・宮本顕治）など、左派勢力の中には、中共の核保有に理解を示す者も少なくなかった。また、〝進歩的知識人〟で構成される〝世界平和アピール七人委員会〟は、「中国が核実験を強行したことは、核兵器保有国の増加を招く危険に拍車をかけるもので遺憾だ」としながらも、「すみやかに国際会議を開き、核実験の全面阻止、完全軍縮への道を開くよう要望する」として、結果的に中共政府の提案を支持している。

こうした〝友好人士〟の反応を見て、十月十九日、周恩来は池田勇人宛に「中国政府は一貫して核兵器の全面禁止、徹底的な廃棄を主張しており、核実験はやむをえず行った。中国の核兵器保有は防衛のためで、先に使用することはない」との書簡を送る。以後、「米国の核は侵略のための悪い核だが、ソ連・中国の核は自衛のための良い核だ」という珍妙な言説が左派言論人を中心に日本国内で流布していくことになる。

なお、周恩来の書簡が届けられた当時、池田はすでに末期の喉頭癌に冒されており、東京五輪の開会式には出席したものの、その後は病床にあって五輪の閉会式翌日の十月二十五日、退陣を表明する。

第七章 ヴェトナム・文革・沖縄

佐藤内閣の発足と北爆の開始

病気を理由に退陣した池田勇人に代わり、一九六四年十一月九日、沖縄施政権返還を最重要課題に掲げる佐藤栄作内閣が発足した。

池田から佐藤への政権交代は、一九六四年八月のトンキン湾事件以降、ヴェトナム情勢が緊迫の度合いを高め、米軍の介入が本格化していく時期と重なっていたため、日中関係もヴェトナム情勢と密接に関係せざるを得なくなる。

一九五四年のジュネーヴ協定で中心的な役割を担った中共は、最悪の場合でも南ヴェトナムを拠点とする米国の北上攻撃が北ヴェトナムの領域に留まり、自国には及ばないことを期待して、ヴェトナムの南北分割を主導した。したがって、南北ヴェトナムの分断が固定化され、それぞれの体制が安定して相互に不干渉の状態になるのが望ましいというのがこの時点での中共の本音である。

ところが、一九五五年十月に国民投票で南ヴェトナムの初代大統領に選出されたゴ・ディン・ジエム【図1】は、米国の支援を受けて、体制内の政敵を排除して独裁体制の基礎を築いた。しかし、ジエム政権による反対派への苛烈な弾圧は国民の反発を招き、政権は安定せず、南ヴェトナムの農村では半ば自然発生的に抵抗運動が発生する。

【図1】ゴ・ディン・ジエム

もちろん、こうした状況は、南北ヴェトナムの統一を国是とする北ヴェトナムの労働党政権には好都合だったが、その北ヴェトナムにしても、一九六〇年の時点では、南ヴェトナムの抵抗運動を支援することで米国との全面戦争に突入することはリスクが大きすぎた。

そこで、南ヴェトナムでの反ジエム闘争はあくまでも〝南の人民の任務〟であり、労働党はそれを脇役として支えているに過ぎないとの立場を取っていた。しかし、曲がりなりにも、北の労働党が南ヴェトナムでの武装闘争を承認したことで、南ヴェトナム各地では反ジエム政権蜂起が急速に拡大。労働党の予想をはるかに越えるスピードで事態が展開し始めたため、一九六〇年九月、労働党は南の闘争を支援することを正式に決定。そして、十二月には、南ヴェトナム各地で反政府闘争を行っていた諸派が結集して〝南ヴェトナム解放民族戦線〟、いわゆるヴェトコンが結成された。


こうして、南ヴェトナムではジエム政権に対する反対闘争がますます激化し、危機的な状況が続くなか、米国のケネディ政権は、一九六一年五月十一日、南ヴェトナム支援のために特殊部隊四〇〇人と軍事顧問一〇〇人を派遣することを決定。小規模ながら、ヴェトナムへの軍事介入を開始する。宣戦布告なき〝特殊戦争〟の開幕である。

以後、解放戦線の予想を上回る活動に接した米国は、なし崩し的にヴェトナムへの軍事介入を強化。軍事顧問の数は一九六一年末には三〇〇〇人に、さらに一九六二年末には一万一〇〇〇人にまで拡大していった。

一方、北ヴェトナムの労働党政権も、この段階では、そもそも、自分たちヴェトナムはあくまでも〝辺境〟で、米国の世界戦略の中では些末な問題でしかないとの認識していた。それゆえ、米国との全面戦争は想定しておらず、とりあえず、ジエム政権を退陣に追い込み、〝中立政権〟をサイゴンに樹立することを当面の目標としていた。

　ところが、ジエム政権を支えていた米国は、そうした労働党政権の本音を正確に把握していたわけではなく、反ジエム政権の運動の背後には北ヴェトナム、そして中共やソ連が控えており、彼らはインドシナ半島の速やかなる赤化を企図しているものと考えていた。それゆえ、そうした赤化の圧力を食い止めるためにも、米国は特殊戦争政策と併行して、ジエム政権に対して社会的な安定を回復するための〝民主化〟を要求する。

　しかし、〝米国の傀儡〟という解放戦線からの非難に神経質になっていたジエム政権は、かえって、米国の圧力に反発し、独裁的な傾向を強めていった。そして、一九六三年六月八日、一人の僧侶がサイゴンでジエム政権に対して抗議の焼身自殺を行うと、これに対して、ジエムの弟で大統領顧問であったゴ・ディン・ヌーの夫人が〝坊主のバーベキュー〟と発言。ジエム政権は世界的規模で激しい非難を浴び、その崩壊は秒読み段階に突入する。

ゴ・ディン・ジエムは生涯結婚しなかったため、実弟の妻「マダム・ヌー」(左)が、事実上のファーストレディとして振舞っていた。写真は1961年、アメリカのリンドン・ジョンソン副大統領(当時)と。(Scanned from Death of a Generation by Howard Jones)

　当然のことながら、こうした状況を受けて、北ヴェトナムもジエム政権後の南ヴェトナムにおける主導権を獲得すべく、反ジエム政権闘争の中核を担ってきた解放戦線の庇護者としての立場を強調していく。

一方、米国は、一九六三年の秋までにはジエムを完全に見放し、ジエム政権に代わる新たな親米政権を樹立して、あらためて共産主義者と対決する方向を模索するようになる。その結果、CIAも協力したクーデター計画が立案され、一九六三年十一月一日、南ヴェトナム軍の将軍たちによるクーデターが発生。ジエム兄弟は逮捕・射殺され、九年以上に渡って続いた独裁政権はあっけなく幕切れとなった。

【図2】放戦線が自己の存在を内外にアピールするため、1963年に発行した切手には、解放戦線の国旗と「独立・民主（主義）・平和・中立」の文言が記されている。

　もっとも、米国はジエム政権を崩壊させれば、南ヴェトナム情勢は安定すると期待していたが、後継のズオン・バン・ミン政権も安定しなかったばかりか、その後もクーデターが頻発するなど状況はますます動揺し、解放戦線は攻勢を強めていった【図2】。

　北ヴェトナムを支援していた中共も、こうした状況を踏まえて、南ヴェトナム解放民族戦線支持の姿勢を鮮明に打ち出し、一九六三年十二月二十日には〝南ヴェトナム解放闘争支持〟のプロパガンダ切手【図3】を発行している。

　ヴェトナム情勢が緊迫していく中で、一九六四年七月末、南ヴェトナム軍の奇襲部隊がトンキン湾内の北ヴェトナム支配下のふたつの島への上陸作戦を敢行。これに連動して、米軍の駆逐艦が北ヴェトナム沿岸でのパトロールを展開していたところ、八月二日になって、北ヴェトナムの哨戒艇との間で戦闘が発生した。米軍はその後もパトロールを続け、八月四日には、ふたたび、北ヴェトナムの魚雷艇から

【図3】ヴェトナム解放闘争支持を訴える中国のプロパガンダ切手。切手に取り上げられている国旗は北ヴェトナムのものではなく、解放戦線のものである。

米駆逐艦への攻撃が行われたと米軍は主張した（ただし、後に四日の攻撃は北ヴェトナムへの〝報復爆撃〟を行うための捏造であったことが後に明らかになったが…）。

いわゆるトンキン湾事件である。

一九六四年十一月の大統領選挙を控えたリンドン・ジョンソン（ケネディは前年の一九六三年十一月に暗殺され、副大統領のジョンソンが大統領に昇格していた）は、再選戦略の上からも、ヴェトナム問題で〝弱腰〟との批判を受けることはなんとしても避けなければならなかったため、八月五日、「北ヴェトナムの攻撃に対して、直ちに反撃のため北ヴェトナムを爆撃した」と発表。議会に対し、「米軍に対する攻撃を退け、さらなる侵略を防ぐために必要なあらゆる手段をとる」権限を大統領に与えるという決議を要請した。これを受けて、下院は四一〇対〇、上院は八十八対二という圧倒的多数の支持で〝トンキン湾決議〟が採択された。

これは、米国による事実上の北ヴェトナムに対する宣戦布告となり、一九六五年二月以降、解放戦線への援助阻止を目的として北ヴェトナム本土に対する爆撃（北爆と呼ばれた）が本格的に開始された。さらに、四月四日の北ヴェトナム軍との最初の交戦（北ヴェトナム空軍のMiG-17戦闘機が米空軍F-105戦闘爆撃機二機を撃墜）を経て、米国はヴェトナム戦争の泥沼に突入する。

こうした国際情勢の変化もあって、佐藤内閣発足直後の一九六四年十一月十六日、日立造船の貨物船対中輸出についての契約が日中間で成立したものの、一九六五年三月下旬、佐藤内閣は一九六四年の吉田書簡（176ページ参照）の内容に沿って輸銀不使用を決断し、三月三十一日、日立造船の契約は失効した。また、ニチボー・プラントの契約も四月三十日付で契約期限切れとなっている。

その一方で、一九六二年に国府が池田内閣に要請して以来の懸案であった日華円借款交渉は、佐藤政権下の一九六五年四月に妥結し、両国間で協定も調印された。

当然のことながら、中共はこうした日本の対応を〝中国敵視政策〟とみなし、日中関係は冷却化する。

沖縄をかえせ！

こうして対中関係が冷却化する中、一九六五年八月十九日、佐藤は日本の首相として戦後はじめて沖縄を訪問し【図４】、那覇空港で「沖縄祖国復帰が実現しない限り、わが国にとって戦後が終わっていないことをよく承知しております」と声明を発表した。

佐藤の訪沖に対しては、沖縄自民党を継承した民主党が〝歓迎〟の立場だったのに対して、〝沖縄県祖

那覇空港に到着し、式典で挨拶する佐藤栄作総理。（沖縄県公文書館所蔵）

【図４】佐藤の沖縄訪問時に使用された記念印

国復帰協議会(以下、復帰協)〃の加盟団体は、沖縄社会大衆党(社大党)、沖縄社会党、沖縄県青年団協議会(沖青協)は〃抗議〃、日本共産党系の沖縄人民党は首相の訪沖そのものの〃阻止〃、沖縄教職員会は訪沖を受け入れたうえで、この機会に〃誓願〃を行うという立場をとるなど、対応が割れたが、復帰協執行委員会は、八月二日、復帰協としては〃抗議〃の態度を取ることを決定した。

ここで、復帰協について簡単に説明しておこう。

一九五九年、日本本土では翌一九六〇年の日米安保条約改定をめぐる本格的な議論が始まったが、与野党を問わず「日本本土が戦闘に巻き込まれるおそれがある」として、日米の共同防衛地域には沖縄を含めるべきではないという点では一致していた。これは、沖縄から見れば、沖縄が〃日本〃から除外されたことを意味する。

さらに、一九五九年五月十三日、琉球列島高等弁務官布告第二十三号「琉球列島の刑法並びに訴訟手続き法典」が公布され、「外国、あるいは外国国民あるいは外国政府またはその代行者、代行機関もしくは代表者に雇われ、またはその利益のためにスパイ、サボタージュもしくは煽動行為」をした者は〃安全に反する罪〃として最高死刑に処せられることになった。これに対して、沖縄の復帰運動がその対象となるのではとの危惧が強く、住民の反対運動により、法典の施行は無期限に延期された。

くわえて、六月三十日には石川・宮森小学校に米軍機が墜落し、十七名が死亡する事故も発生し、賠償要求運動も行われた。

こうした流れを受けて、沖縄教職員会、沖青協、官公労が世話役となって一九六〇年四月二十八日、関係諸機関に対する復帰要請や復帰に関する宣伝活動を主な目的として、復帰協が結成された。結成日の四月二十八日はサンフランシスコ平和条約発効の記念日だが、沖縄では講和条約により沖縄が日本本土から切り捨てられた〝屈辱の日〟との認識があり、〝沖縄デー〟の名の下、毎年この日にあわせて復帰協はデモ行進を行い、沖縄本島の辺戸岬沖では海上集会を開くなど、復帰要求の県民運動を展開した。

復帰協は、もともと、島ぐるみの超党派的な復帰運動の組織だったが、次第に、活動内容は、反戦反基地や自治権拡大、さらには生活擁護・人権擁護などにも広がり、左派色の強い反米・反戦運動の色が濃くなっていく。

特に、一九六五年二月、米軍による北ヴェトナム北爆が本格的に始まると、沖縄の嘉手納(かでな)基地は北爆に向かうための直接攻撃基地となり、沖縄はヴェトナム戦争と直結。これを受けて、二月二十二日の復帰協定期総会では、「米軍基地の撤去と安保条約の撤廃」が運動方針案として提案されている(最終的には慎重論が多数派を占め、この案は否決された)。

こうした状況の中で、日米安保の枠組みを維持したままでの沖縄の施政権返還を主張する佐藤の構想は、復帰後も沖縄に米軍基地が維持されることを意味していたから、復帰協はこの点に異議を唱え、佐藤訪沖に反対する二万人の沖縄民衆大会が開かれたほか、彼の宿舎になっていた東急ホテルは訪沖反対のデモ隊に包囲される騒動となった。

しかし、帰国後の佐藤は、沖縄本土の復帰に向けて沖縄問題閣僚協議会を発足させ、義務教育費の半額国庫負担などの政策を打ち出すとともに、施政権返還方式について具体的な検討に着手する。

一方、台湾島にも近く、米軍基地が存在している沖縄で、反米・反戦活動が盛んになるということは中共から見れば極めて魅力的な事態であった。

そのことをうかがわせるのが、佐藤訪沖の直後、一九六五年八月二十五日に発行された〝中日青年友好大交流〟の切手である【図5】。

日中間の組織的な青年交流は、一九五三年、日本青年団協議会（日青協）副会長の鈴木重郎が国際農村青年集会準備会への参加をきっかけに訪中したのが最初で、一九五六年九−十一月には中国側からの紹介を受けて二十二人が訪中した。

【図5】"日中青年友好大交流"記念切手5種。上段右から、歓迎を受ける日本青年、団結する両国青年、日中の友愛、両国青年の交流、青年友好大交流のシンボルバッジ。

このときの訪中団は、七十日間の滞在中十四都市を回り、学校十カ所、農業関係十カ所、公的機関七カ所、古跡・公園、工事現場二十一カ所、陳列・博物館十二カ所、工場・文化施設・病院など二十カ所を訪問し、計十二回の座談会、研究会に参加した。

団長の寒河江善秋（さがえぜんしゅう）は、九月二十七日に北京で開催された歓迎パーティーの挨拶でいきなり「心からお詫びを申し上げたい」、「心からあなた方に謝罪する必要があると思います」と始め、「無意味な戦争中に、われわれは多くの犠牲を払ってほかの民族に大きな被害を与え、他方でわれわれ日本の青年が地球史上初の原子爆弾の被害を受けたからです。それゆえ、われわれは心から平和を希求しています」、「全中国の人民がわれわれと同じように、平和を追求しているのが分かりました」、「恨みではなく、逆に信頼や友好を示して下さいました」、「この崇高な精神や平和を願う積極的な努力に、われわれは深く感動しました」、「われわれは日中両国の友好が続くことを信じることができるようになりました」と述べたうえで、「今後、いかなることが起きても、われわれは絶対に再び武器を取って戦争を行うことを許しません。私は、このスピーチで中国の青年と日本の青年との永遠の不戦の誓いをしたい」と持論を展開した。さらに、「わが国はいまだ、完全に独立したとはいえません。祖国の独立と繁栄の実現のために努力することが、われわれ青年の光栄な任務なのです」、「中国の友人の熱烈な支持がなければ、わが国の完全な独立や発展はありません」と訴え、「アジア諸国人民の共通の願い――独立と平和を実現するために、われわれはあなた方とともに戦いを進めていくことを希望します」とスピーチを締めくくっている。

中日青年友好大交流で、日本人を歓迎する舞台「友誼の歌」。背景に「熱烈歓迎日本朋友」の垂れ幕。
（《人民画報》1965年第11期）

　いささかリップサービスが含まれていたことを割

毛沢東、劉少奇、鄧小平らが出席したパーティーの様子も含めた、中日青年友好大交流の記録映画（上はそのポスター）も制作され、中国全土で公開された。

り引いたとしても、中国側が期待する日本の〃友好人士〃そのものの主張である。

　また、参加者の一人であった新垣典子は、現地滞在中の一九五六年十月九日付の『中国青年報』への寄稿で、「沖縄の立法、司法、行政がすべて米軍の下に置かれ、人民の自由や権利が蹂躙され、財産権や言論の自由が保障できず、更に生存権も保障できていません」としたうえで、「われわれの呼びかけは沖縄を日本に返せ、ということです。この要求は、アメリカの統制から解放せよ、という怒りです」と説明した。この思いは多くの沖縄住民にも共通のものであったろうが、その解決策として、彼女は「われわれは、六億の中国の人民、特に青年学生と婦人と手を組んで、更に十億、二十億の全世界の人民と固く団結して、平和のために戦っていこうと期待しています」と述べており、中国と結んで米国を排除すべきであると主張している。

　こうした心性の団員が中国側の歓待を受け、中国側がプロパガンダ工作の一環として外国人に見せたいもののみを見て帰国した結果、彼らのレポートには「この人民中国の考え方と、実践力の旺盛さには、まったく感嘆するものがあります。資本主義国家では、夢にも見られないようなことが、現にここでは、着々と実現されつつあるのです」、「まったくうらやましい限りです」、「（長春の自動車工場では）社会主義国家における個人の優越性というもののあり方を事実を持って示されたようなおもいでした」、「これだけの製品を生産する中国、誰がなんと言うと世界の一等国でしょう。この国を、国家として認めていない国があるなんて嘘のようです。日本もそのバカな国の一つと思うと、全くなさけなくなってきます」、「十五年日々の流れを知らない、日本の一部のものの非常識さが、笑われるでしょう」などの文章が並ぶことになる。

そして、そうした中共の官製プロパガンダそのものの内容が〝(一般の日本人には実地での検証不可能な)貴重な体験〟として日本人によって拡散されていくことで、中共にとっての〝良心的日本人〟を増産する結果となったのはいうまでもない。

一九六五年の青年友好大交流は、一九五六年に始まる青年交流の集大成として、同年八月と同年十一月の二回に分けて、過去最大規模、約五〇〇人の日本人青年を中国に招き、各地を訪問させて中共側と交流させるだけでなく、毛沢東や周恩来とも直接会見させるなど〝熱烈歓迎〟させることで、参加者を、前年の原爆実験で傷ついた日本人の対中イメージを改善させるとともに、日本国内の反米勢力を鼓舞するための先兵にしようという工作だった。

実際、青年友好大交流の記念切手のうち、〝団結する両国青年〟と題された一枚【図6】には、赤旗を振る中国人青年と鉢巻・たすき姿の日本人青年が手を組んだ背景に、「中国と日本の人々は団結する 集団殺害と米帝国主義に反対 中国と日本の青年は団結する」とのスローガンが書き込まれている。また、日本人青年のたすきには「沖縄をかえせ！」の文言が入っているが、これは、当時、復帰協の集会やデモなどでさかんに歌われていた「沖縄を返せ」のイメージを投影したものかもしれない。

「沖縄を返せ」は、もともと、全司法福岡高裁支部のうたごえサークルが作詞作曲し、一九五六年九月に大分で開催された〃第四回九州のうたごえ〃の創作コンクールの大衆投票で第一位に選ばれた楽曲である。

【図6】図5（199ページ）の中日青年友好大交流の記念切手のうち、“団結する両国青年”と題された1枚。右側の日本人青年のたすきには「沖縄をかえせ！」の文字。

一九五〇～六〇年代の日本では、「歌ってマルクス、踊ってレーニン」のキャッチコピーなどと共に、労働運動や学生運動と結びついた〃うたごえ運動〃が盛んだった。その拠点となったのは、店内では、リーダーの音頭のもと、ピアノやアコーディオンなどの楽器の伴奏で、店内の客が一緒に歌を歌うスタイルの〃歌声喫茶〃で、東京・新宿の〃灯（ともしび）〃や〃カチューシャ〃などが有名だった。歌われる歌はロシア民謡、唱歌、童謡、労働歌、反戦歌、歌謡曲などで、進学や就職などで単身東京に移住してきた青年男女の出会いの場となると同時に、左派系の運動のオルグの場となっていた。【図5】の切手で〃両国青年の交流〃の中心にアコーディオンを弾く女性が描かれているのは、まさに、当時のうたごえ運動のイメージに近い。

同じく図5（199ページ）の中日青年友好大交流の記念切手のうち“両国青年の交流”の中心部分。

「沖縄を返せ」は、そうした歌声喫茶、うたごえ運動で歌うための楽曲として作られたが、当初の曲調は「（イタリア映画の）『自転車泥棒』の主題歌に似ていて暗い」と主催者から評されたため、三井三池炭鉱の反合理化闘争を舞台に「がんばろう」を作詞作曲したことで知られる荒木栄によって新たなメロディーが作られ、行進曲風の楽曲に仕上がった。

折しも、一九五六年末に日本共産党系の沖縄人民党の代表、瀬長亀次郎（せながかめじろう）が那覇市長に当選したことをうけ、一九五七年一月、鹿児島から東京まで「沖縄を返せ」を歌いながらの一五〇〇キロのデモ行進が行われ、大きな反響を呼んだ。それから間もなく「沖縄を返せ」は沖縄にも持ち込まれ、沖縄復帰・反米反戦運動のテーマ曲のような存在となる。

したがって、前ページの腕を組む両国の青年の姿とアコーディオンを弾く女性は、あわせて二人がともに「沖縄を返せ」を歌い、反米の連帯を深めているイメージに重なってくる。

なお、日中青年友好大交流の切手が発行されて間

【図7】"ヴェトナム人民の闘争支持"の切手。右上から、銃を撃つ兵士、米国製兵器の鹵獲、勝利を祝う、闘争支持の世界人民（左から３人目、鉢巻にメガネの男は日本人か？）。

もない一九六五年九月二日、中国郵政は〝ヴェトナム人民の闘争支持〟の切手【図7】を発行し、翌三日には〝抗日戦争勝利二十周年〟の切手【図8】を立て続けに発行した。

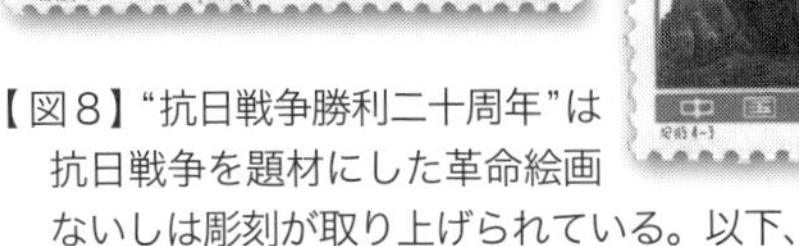

【図8】"抗日戦争勝利二十周年"は抗日戦争を題材にした革命絵画ないしは彫刻が取り上げられている。以下、上段右から、執筆中の毛沢東、黄河を渡る八路軍、勝利を祝う兵士、勇躍入隊。

これら三件を並べてみると、軍民二元論に基づき、日本国民を〝帝国主義者・軍国主義者〟と〝友好人士〟に分割したうえで、友好人士と連帯して帝国主義者・軍国主義者を打倒し、沖縄とヴェトナムを米軍から解放しようという、中共の主張が明確に浮かび上がってくる。

文化大革命

中国現代史の最大の悲劇とされるプロレタリアート文化大革命（以下、文革）は、一九六五年年十一月十日、姚文元（ようぶんげん）が上海の新聞『文匯報』に「新編歴史劇『海瑞罷官（かいずいひかん）』を評す」と題する論説を発表したのが発端になっている。

この論説は、北京市副市長で歴史家の呉晗（ごかん）が執筆した戯曲『海瑞罷官』（明代の官僚、海瑞が嘉靖帝（かせいてい）を諫める上訴をして罷免された事件を題材にした史劇）を、プロレタリア独裁と社会主義に反対する〃毒草〃として攻撃するもので、当初の政治的な意図は呉の上司にあたる北京市長の彭真（ほうしん）を失脚に追い込むことにあった。しかし、同年十二月二十五日、毛沢東が「嘉靖皇帝は海瑞を罷免した。一九五九年、我々は彭徳懐（151ページ参照）を罷免した。彭徳懐も〃海瑞〃だ」と述べたことで、彭徳懐への批判と結び付けられ、文革の導火線に火が点いた。

一九五八年の大躍進政策が惨憺たる失敗が明らかになると、一九五九年七月、国防部長兼国務院副総理の彭徳懐は毛沢東に対して私信の形式を取って政策転換を求めたが、毛の逆鱗に触れて国防部長と中央軍事委員会委員の地位を解任された。その反面、劉少奇・鄧小平らの官僚グループにより、大躍進の失敗を修復するための〃調整政策〃が行われることになり、毛に代わって劉が国家主席に就任する。

一九六二年、劉は「今回の大災害は天災が三分、人災が七分であった」と党中央の責任を自ら認め、毛も「社会主義の経験が不足していた」と自己批判を余儀なくされた。劉・鄧の調整政策に対して、毛は「矯正しすぎて右翼日和見の誤りを犯している」と批判したが、劉は「飢えた人間同士がお互いに食らい合っているんです。歴史に記録されますぞ」と応じ、調整政策を維持しようとした。

一方、彭徳懐の後任の国防部長となった林彪は、人民解放軍向けの思想教育のテキストとして『毛主席語録』を刊行し、毛に忠勤を誓っていた。そこで、毛は林と共に大衆を動員し、中共の実権を握っていた劉少奇ら〃実権派〃の追い落としをはかる。

その口実として利用されたのが、姚文元の論文だった。

当初、劉は批判の矛先が自分に向けられているとは認識していなかったが、文革派は劉少奇を鄧小平とともに〝資本主義の道を歩む実権派〟の中心として打倒の標的に設定。一九六六年五月の「五一六指令」に続き、一九六六年八月一日から十二日まで開催された中国共産党第八期中央委員会第十一回全体会議（第八期十一中全会）で、毛が配布した論文「司令部を砲撃せよ」では、名指しこそされなかったものの、参会者には〝司令部〟が劉少奇を示していることは明らかだった。会議の結果、劉は政治局常務委員に残留したものの、副主席の任は解かれ、党内の序列も第二位から第八位に降格された。

一方、大衆動員の手段として利用されたのが紅衛兵である【図9】。

一九六六年五月二十九日、清華大学附属中学（日本の高等学校に相当）で毛沢東支持派の学生たちが秘密裏に組織した紅衛兵は、毛の権威を背景として中国全土に急速に拡大。国民を、紅衛兵たる資格を持つ〝紅五類（労働者、貧農・下層中農、革命幹部、革命軍人、革命烈士、およびその子女）〟と〝黒五類（地主、富豪、反動分子、悪質分子、右派分子、およびその子女）〟に分け、後者とされた人々は大衆の面前で激しいつるし上げを受けた。

また、北京では、紅衛兵たちが『毛主席語録』を掲げて〝破四旧（四旧＝旧い思想・文化・風俗・習慣の打破）〟を叫んで街頭へ繰り出し、

【図9】『毛主席語録』を掲げる紅衛兵に囲まれた毛沢東を取り上げた切手。切手上部には1966年8月10日の毛沢東の談話の一節「諸君は国家の大事に関心を持ち、プロレタリア文化大革命を最後までやり抜かねばならない」が刷り込まれている

劉少奇や鄧小平らの〝実権派〟や〝走資派（資本主義に走る者）〟、〝反革命分子〟などと彼らが一方的に認定した人々を攻撃し、貴重な文化財を破壊して歩いた。

同年八月一日、毛沢東は党中央委員会主席として清華大学付属中学紅衛兵に書簡を送り、「造反有理（造反に理あり）」として支持を表明した。のちにこの言葉は「革命無罪（革命に罪なし）」とともに、紅衛兵の代表的なスローガンとなる。さらに、第八期十一中全会最終日の八月十二日、「プロレタリア文化大革命に関する決定」が発表され、〝革命的青少年〟が大字報（壁新聞）・大弁論の形式で「資本主義の道を歩む実権派」を攻撃することを擁護し、紅衛兵運動は公認された。

さらに、八月十八日から十一月二十六日まで、毛沢東が全国から上京してきた紅衛兵延べ一〇〇〇万人を北京の天安門広場を閲兵し【図10】、紅衛兵運動は中国全土に拡大した。

【図10】「毛主席の長寿を祝う」と題した切手の中から、紅衛兵の歓呼に応える毛沢東を取り上げた切手

しかし、紅衛兵の多くは、共産主義体制下でも一向に改善の見込みのない貧困や社会的不平等、政治による抑圧などへの不満のはけ口として、造反有理のスローガンの下、〝反革命分子〟を攻撃していただけだったから、その暴力が暴走するのも必然的なことだった。些細な対立から発生した無数の分派は、それぞれ、「自分達の方がより革命的である」ことを誇示するためより過激な行動に走り、暴力と破壊が中国全土に蔓延し、ついには毛沢東にも統制できな

くなるほどの大混乱に陥った。

混乱の中、一九六七年四月一日付の『人民日報』は、ついに劉を〝中国のフルシチョフ〟と名指しで非難。毛沢東夫人の江青に扇動された紅衛兵らは、劉・王光美夫妻にすさまじい攻撃を加え、夫妻はともに大衆の前での批判大会に連れ出された。執拗な吊し上げを受けるのが常態化し、七月十八日には、中南海の劉の自宅が造反派に襲撃され、以後、事実上幽閉の状態となる。そして、一九六八年十月に開催の第八期拡大十二中全会において、劉を「党内に潜んでいた敵の回し者、裏切り者、労働貴族」として永久に中国共産党から除名し、党内外の一切の職務を解任する処分が決議され、劉は完全に失脚した。

大衆を扇動して劉少奇ら実権派を排除するという所期の目的を達した毛沢東は、一九六七年九月五日、中央軍事委員会主席として中国に秩序を回復させることを人民解放軍に命令。以後、各地で人民解放軍と紅衛兵の武力衝突が発生し、広西チワン族自治区では人民解放軍が紅衛兵を大量に処刑する。これと並行して、一九六八年以降、青少年たちは農村から学ぶ必要があるとして、若者を大々的に地方の農村に送り込む徴農制度、〝上山下郷運動(下放)〟が開始された。その後も、毛沢東の絶大な権威を背景にした文革の混乱は、一九七六年に毛が亡くなり、四人組(江青、張春橋、姚文元、王洪文)が失脚するまで続くが、初期の大混乱は一九六八年後半にはかなり収束した。

毛主席は赤い太陽

ところで、一九四九年以来の中華人民共和国の記念特殊切手には、一九六七年四月十五日に発行の「第三次五ヵ年計画」の切手まで、たとえば、〝紀97・6

6（九十七番目の記念切手六種セットのうちの六番目）〟、〝特49・6−3（四十九番目の特殊切手六種セットのうちの三番目）〟などの編号と呼ばれる整理番号が入っていたが、文革の混乱がピークにあった一九六七年四月二十日に発行の「毛主席の長寿を祝う」から一九七〇年七月一日発行の「辺境警備兵士」の切手までは、〝切手収集はブルジョアの趣味〟として迫害の対象となっていたこともあって、編号が省略されていた。編号は、一九七〇年八月一日に発行の「現代京劇『智取威虎山』」の切手から形式を変更して復活するが、この編号なしの時期の切手が、いわゆる〝（狭義の）文革切手〟と呼ばれている。

　文革切手は、基本的に毛沢東を神格化し、『毛主席語録』の一節やプロパガンダ絵画などを取り上げたものが大半だが、その中に、日本人の反戦運動家、金子徳好と思しき人物が描かれた一枚がある。

　その切手【図11】は、一九六七年十月一日（国慶節）に発行された〝毛主席は赤い太陽〟の二種セットの一枚。切手の題材は、『毛主席語録』を手にした世界の人民に囲まれる毛沢東で、切手の右端、メガネに鉢巻き姿の人物が描かれている人物が、金子徳好【図

（1）の編号が入った現代京劇『智取威虎山』。解放戦争初期、威虎山の匪賊討伐の任を受けた東北地区解放軍。勇敢な偵察隊長が潜入捜査して仲間に情報を知らせ、危機を回避して賊を全滅させる物語。

12】をモデルにしているのではないかと思われる。

金子は一九二四年、東京府渋谷生まれ。日本機関紙協会に勤務していた一九六五年四月五日から、ヴェトナム戦争が終結する一九七三年まで約八年間にわたり、「アメリカはベトナムから手をひけ」と書いたゼッケン着用して通勤する〝一人デモ〟を行った。

〝一人デモ〟を開始する数日前、金子は同僚と酒を飲んでいたところ、つい「米国のヴェトナム侵攻に反対の意思を示しながら仕事をする！」と口を滑らせてしまった。帰宅後、酒席での〝冗談〟を反省し、妻で切り絵作家の静枝に「会社の同僚と語り、ヴェトナム戦争と米国についての抗議を記したゼッケンを胸につけて仕事することになったが、決して止めてくれるな」と相談。金子としては、静枝が反対したことを理由に抗議活動を断念すると同僚には説明するつもりだったが、静枝は金子のためにゼッケンを作り、「お父さん、がんばって！」といって笑顔で金子を送り出した。

【図11】日本人と思しき人物が描かれた"毛主席は赤い太陽"の切手

【図12】1972年、東京・丸の内の外堀通りを、「アメリカはベトナムから手を引け」のゼッケンと募金箱を胸につけて歩く金子徳好。金子の著書『ゼッケン8年』の表紙にも、このゼッケン姿が描かれている。
（朝日新聞社提供）

後に引けなくなった金子は、そのゼッケンを身に着けて通勤し、帰宅までゼッケンを外さなかった。当初は、周囲から奇異の目で見られていた金子だが、次第にメディアなどでも取り上げられて有名人になり、北ヴェトナムに招待されて政府要人と会談するまでになった。

〝毛主席は赤い太陽〟の切手では右端の人物のゼッケンは確認できないが、顔つきやメガネなどは金子に似せて書かれているのがわかる。スーツに鉢巻というスタイルは、当時の日本の労働組合活動家にはよく見られたもので、ヴェトナム反戦運動の有名人であった金子のイメージを取り上げることで、日本国内の反米・反戦運動も中国の文革を支持し、連携していることを表現しようとしたのであろう。

ところで、〝毛主席は赤い太陽〟の切手では、全世界の人民が毛沢東を慕い、『毛主席語録』を掲げている図になっている。もちろん、独裁国家の夜郎自大なイデオロギーが反映された結果ではあるのだが、その反面、毛沢東と文革は当時のヴェトナム反戦運動や新左翼運動のアイコンとなっていたことも事実である。

たとえば、フランスの五月革命はその典型だった。フランスでは、一九三八年に六万人だった大学生の数は一九六一年に二十四万人、一九六八年には六十万五〇〇〇人にまで膨れ上がり、かつての特権的なエリート教育・研究の場だった大学は大衆化したが、その結果として、新たに〝知識人〟の資格を得た(はずの)若者たちにはそれにふさわしい(と彼らが考える)社会的発言の場が十分に与えられたわけではなかった。

一九六六年、ストラスブール大学で、教授独占の位階体制に対する民主化要求の学生運動が始まる。

学生たちの矛先は、既存の学生運動組織だったフランス全国学生連盟（UNEF）や、ソ連との関係が深く〝官僚主義的〟なフランス共産党にも向けられ、一九六四年に創立されたパリ大学ナンテール分校（現パリ第十大学）へも波及。さらに、一九六八年三月二十二日、〝ヴェトナム戦争反対を唱える国民委員会〟のメンバーが逮捕されると、これに抗議する学生が校舎の一部を占拠。ソルボンヌ（パリ大学）でも学生の自治と民主化を要求する運動が本格化する。

パリ五月革命により、国立劇場・オデオン座も学生に占拠され、旗がひるがえった。
(Collectie/Archief Fotocollectie Anefo/Koch, Eric)

これに対して、右派系の学生組織〝オキシデンタル・グループ〟がナンテール校を攻撃しようとしているという噂が広まるなど、情勢が急速に緊張する中、五月三日、ナンテール校の学部長がキャンパスの閉鎖を決定すると、追放された学生約五〇〇名がソルボンヌを占拠。警察、保安機動隊との衝突で、一〇〇名以上が負傷し、数百名が逮捕され、ソルボンヌは閉鎖された。いわゆる〝パリ五月革命〟の開幕である。

学生たちはパリ市街ラテン地区（カルティエ・ラタン）に拡散してパリ中心部で大規模なデモを敢行し、カルティエ・ラタンは中央政府の統制が及ばない〝解放区〟の様相を呈した。また、学生運動は各国の左翼過激派の闘争とも連携して、大学占拠・街頭進出というかたちで地方にも爆発的に拡大。これに呼応して、労働組合は大規模なストライキを決行し、ピーク時にはフランス人労働者のおよそ三分の二に相当する約一〇〇〇万人が参加し、五月二十〜

SOLICOQ
ZONE INDUSTRIELLE DE LA BALLASTIÈRE
33 / LIBOURNE

CHAMBRE DE COMMERCE ET D'INDUSTRIE DE LIBOURNE
TAXE D'ACHEMINEMENT
0,50 Fr.
Correspondance commerciale

27 MAI 1968
LIBOURNE

CENTRE D'ACHATS PHILATELIQUES DROUOT
Monsieur Pierre Mayer
20, rue Drouot, 20
75 - PARIS 9e

SLC 8/1-65

【図13】５月革命のゼネストで国営の郵便事業も事実上停止となったため、一部地域では商工会議所などが一般市民向けの通信サービスを提供することもあった。ここに示すのはその一例で、1968年5月27日、フランス南西部リブルヌ郡からパリ宛に差し出された郵便物。30サンチームの切手の左側に、郡商工会議所が行っていた“郵便”の料金（50サンチーム）を納付するための証票が貼られ、商工会議所のスタンプで消印されている。

二十一日には「労働者と学生の闘争は同じである」とのスローガンの下、銀行や繊維産業等も含めた大規模なゼネストが行われ、フランスの交通・流通システムは麻痺状態に陥った【図13】。

結局、五月二十七日に政府、労働組合、および雇用主連合間の交渉により、最低賃金を三分の一引き上げ、労働組合への公的権利が確立される「グルネル協定」が締結され、五月三十日にド・ゴール大統領が国会の解散を宣言したことで事態は沈静化し、六月に入ると労働者の大部分は職場復帰したが、その後も散発的な暴力は続いた。

革命当初、フランス共産党は影響下にある労働総同盟（CGT）を通じて労働者のストライキを組織し、〝ソ連を非難する急進的な学生運動〟をアナーキストないしはトロツキストと非難していたが、革命全体を通して主導権を握っていたのは、反スターリン主義・反ソ連の新左翼グループだった。

デモに参加した学生たちは、既存の左翼勢力を否定する新左翼の立場から、革命のシンボルとして、〝修正主義〟のソ連を激しく非難していた毛沢東（と中共）や、キューバ・ミサイル危機の経験から、ソ連は他の帝国主義諸国と変わらないと断じたチェ・ゲバラを反ソ・反スターリン主義の象徴として祀り

上げ、彼らの似顔絵を壁に描いたり、プラカードとして掲げて街中を練り歩いたりした。

こうしたフランスの五月革命は、西ドイツや日本、イタリアなど西側先進国の左翼学生たちに影響を与え、各国の学生運動を過激化させる結果をもたらしたが、その副産物として、毛沢東と文革の（美化された）イメージも、反ソ・反スターリン主義を掲げる新左翼のシンボルとして、各国に拡散・浸透していった【図14】。

【図14】1968年、ローマでの学生・労働者のデモ風景。参加者は、毛沢東とチェ・ゲバラの肖像を掲げて歩いている。

一方、日本国内でも中ソ対立の板挟みになった共産党は〝独自路線〟を標榜せざるを得なくなり、一九六四年にはソ連共産党と、一九六六年三月には中国共産党と関係を断絶。この結果、中共は日本共産党とその影響下にあった日中貿易促進会を〝友好貿易〟から排除し、同年十月、日中貿易促進会は解散に追い込まれた。

そのうえで、あらためて、一九六七年二〜三月、日本国際貿易促進協会と中国国際貿易促進委員会の間で友好貿易に関する議定書と共同声明が結ばれたが、その際、貿易の条件として〝四つの敵（米帝国主義、日本の反動派、ソ連現代修正主義、日共修正主義分子）〟に対する闘争が挙げられた。これにより、約三〇〇の日本の友好商社は、一九六七年九月の佐藤訪台時には反対デモに従業員を動員し、商談の場であるはずの広州交易会では『毛主席語録』の学習に多大な時間を当てるよう強要されていた。

このように、文革時の中共は米国と自民党政権を敵視するだけでなく、ソ連と日本共産党も敵視していたから、既成左翼（社会党、共産党）とは距離を置く新左翼運動や非共産党系のヴェトナム反戦運動、いわゆる進歩的知識人の中には、中共に親和的な者も少なくなかったのである。実際、山岳ベース事件（群馬県の山中に設置したアジト（山岳ベース）で起こした同志に対するリンチ殺人事件）やあさま山荘事件を起こした連合赤軍の指導者の一人だった森恒夫は、拠点になる秘密基地を作るための関東の山岳地帯への移動を、毛沢東にならって〝長征〟と称している。

同様の構造は世界各国でも見られたから、その集合体として、各国の反米左翼勢力が毛沢東の下に結集するというイメージにも、荒唐無稽とは言い切れない面もあったのだ。

中ソ核戦争の可能性

一九六九年一月二十日、ヴェトナム戦争からの〝名誉ある撤退〟を公約に掲げるリチャード・ニクソン政権が発足した。

前年の一九六八年には、チェコスロヴァキアで言論の自由を保障し、新しい共産党行動綱領を決定して〝人間の顔をした社会主義〟を目指すとしたアレクサンデル・ドプチェク（チェコスロヴァキア共産党第一書記）の改革路線が提起され、〝プラハの春〟と呼ばれていたが、同年八月二十日、ワルシャワ条約機構五ヵ国軍がチェコスロヴァキア領内に侵攻し、首都プラハの中枢部を占拠してドプチェクらを逮捕し、〝プラハの春〟はあっけなく潰えてしまった【図15】。

チェコスロヴァキアの事例から、中共指導部は文革で中国全土が混乱に陥り、防衛体制も動揺している中で、〝反ソ〟政権を潰すためにソ連が軍事侵攻してくるかもしれないとの懸念を抱き、主敵を〝米帝国主義〟から〝ソ連現代修正主義〟へと変更する。

ところで、文革の混乱の中でも、中共は北ヴェトナムと南ヴェトナム解放戦線を支援していたが、その本音は、「ヴェトナムが米軍をひきつけている限り西側の対中国包囲網は弱まるから、その時間を利用して国内の粛清を進め、経済建設・国防建設を進めたい」というもので、それゆえ、北ヴェトナムが敗れない程度の援助を与えて、できる限り、ヴェトナム戦争を長期化させたい（＝北ヴェトナムをすぐには戦争に勝たせない）というものであった。

しかし、ソ連が米国以上の敵となった状況下では、せっかく米軍をヴェトナムに引き付けてその軍事的脅威を削いだとしても、北ヴェトナムがソ連の支援を受けて南北統一を果たし、統一後のヴェトナムに親ソ派政権が樹立されてしまっては元も子もない。そこで、中共は「ソ連が北ヴェトナムを援助するのは中越両国を離間させるための策動」と主張し、北ヴェトナムに対してソ連との距離を置くよう要求。さらに、文化大革命の混乱の中で、中共は「ソ連と共同行動をとると、米帝の共犯者となってしまう」という口実を設けて、北ヴェトナムへの援助を抑制していった。

【図 15】ドプチェク生誕80周年にスロバキアが発行した小型シートの余白には、1968年の“プラハの春”を讃えるデザインが印刷されている。

こうした東西冷戦構造の中で、〃東側〃も決して一枚岩ではなく(米国を筆頭に、当時の西側世界ではこのことを認識している者は決して多くはなかった)、中共にとってソ連が〃敵〃であることを全世界に示すため、全面戦争には至らない程度の国境紛争を想定して、一九六九年三月二日、ウスリー川の中洲、ハバロフスクとウラジオストクの中間に位置する珍宝島(ダマンスキー島)のソ連国境警備隊を奇襲攻撃する【図16】。

【図16】“珍宝島1周年”の記念切手

十九世紀、清朝とロシア帝国の結ばれたアイグン条約や北京条約では、両国の国境は黒龍江(アムール川)やウスリー川など、河川を国境として定めていたものの(上)、河川の中洲等の帰属については曖昧な部分も多く、その領有権をめぐる対立は続いていた。珍宝島もその焦点の一つだった。

アムール川のロシア側国境
(ハバロフスク)

中共側の資料によると、ソ連は上級将校を含む五十八人の死者と九十四人の負傷者を出したのに対して、中共は二十九人が死亡したとされている。一方、ソ連側の資料では、中国軍の死者は二四八人以上、ソ連の国境警備兵は三十二人が死亡、十四人が負傷したとされている。

中国との国境紛争に対してソ連は敏感に反応し、米国務長官、ヘンリー・キッシンジャーのオフィスを駐米ソ連大使のドブルイニンが直接訪問して状況を説明。さらに、ソ連は他の共産主義諸国に対して、「ソ連が中国の核施設に先制攻撃を行った場合、どのような態度を取るか」と尋ねている。一九六七年六月十七日に中国は水爆実験を成功させていたこともあって【図17】、中ソ間の軍事紛争が核戦争に発展する可能性が真剣に論じられ、中国の都市部では核シェルターの建設が進められ、住民の避難訓練が盛んに行われた。

一方、中共の指導部内では、珍宝島事件の直後、毛沢東の命を受け、文革で一時失脚して地方に送られていた〝四元帥〟（陳毅（130ページ参照）、聶栄臻【図18】、徐向前【図19】、葉剣英【図20】）が今後の戦略的課題を分析。国内基盤の弱さや兵站の問題などから、ソ連がすぐには攻めてこないだろうとの報告書をまとめたが、すでに毛沢東は主治医との会話の中で「我々の祖先は近隣諸国と戦う際には遠方の国々と交渉することを勧め

【図17】中国の水爆実験を記念して、北ヴェトナムが発行した記念切手。天安門に五星紅旗、水爆のきのこ雲と水爆を示すＨの文字の中に実験を行った“17.6.1967”の日付、原子模型、平和の鳩が描かれている。当事国の中国が記念切手を発行しなかった原爆実験について、北ヴェトナムのみが記念切手を発行しているのは、中国による“核の傘”を期待してのことだろう。

【図18】1999年に発行された“聶栄臻生誕100年”の記念切手には、彼が主導した“両弾一星”の象徴として、背景にミサイルが描かれている。

【図19】徐向前

【図20】葉剣英

なかったか」と語っていた。
一九六九年五月、毛沢東は四元帥にさらなる検討を指示。以後、九月中旬までの議論の中で、「ソ連修正主義者が中国への侵略戦争を開始するかどうかは、米帝国主義者の姿勢にかかっている」としたうえで、「中ソの矛盾は米中の矛盾より大きく、米ソの矛盾は中ソの矛盾よりも大きいので、すぐに反中戦争が起こる可能性は少ないから、米中でソ連を牽制することが肝要」との結論に到達した。

【図21】ソ連との国境紛争が相次ぐ中で、1969年10月1日、中国が発行した“団結して国境を守る”の切手。

この間にも、七月八日にはアムール川の中洲・八岔島（ゴルジンスキー島）で、八月十三日には新疆ウイグル自治区タルバガタイ（塔城）地区チャガントカイ（裕民）県の鉄列克提（テレクチ）で、中ソの武力衝突が発生【図21】。一九六九年九月には、北ヴェトナムのホー・チ・ミン国家主席（労働党主席）が亡くなり、ソ連のアレクセイ・コスイギン首相はハノイでの葬儀に列席した後、北京に立ち寄って周恩来と会談し、とりあえず事態の収拾が図られた。しかし、中共は、この時点で、中ソが戦った場合にソ連が勝って米国以上に大帝国になることこそが米国にとっては最悪のシナリオであると見抜いていた。実際、一九六九年八月の国家安全保障会議でニクソンは「もし中国が中ソ戦争で粉砕されればアメリカの国益に反する」と主張しており、中共とも友好関係にあるパキスタンを通じて「中国を孤立させる仕組みには加わらない」とするメッセージを中国に伝達。四元帥の分析が正しかったことが証明された。

グアム・ドクトリンと沖縄返還

こうした状況の下、前任のジョンソン政権時代にヴェトナム戦争の泥沼にはまり込み、国力を大いに傾けていた米国は、ヴェトナムからの〝名誉ある撤退〟とあわせてアジア太平洋戦略を再構築し、軍事コストを削減する必要に迫られていた。

1972年1月、カリフォルニアのサン・クレメンテにおいて、首脳会談に望む佐藤栄作首相とリチャード・ニクソン大統領。
(U.S. National Archives and Records Administration)

そこで、ニクソンは、一九六九年七月、グアムにおける非公式会見で、①米国は条約義務を守り、②核の脅威に対しては〝盾〟を提供するが、③それ以外の侵略に対してはアジア諸国が防衛の一義的な責任を負うよう求める、とする〝グアム・ドクトリン〟を発表。この前提に立って、同年十一月、ニクソンは訪米した佐藤と会談し、一九七〇年の日米安保条約延長と引き換えに、一九七二年の沖縄返還を謳った共同声明が発せられた。

ところで、佐藤・ニクソン会談の二年ほど前、一九六七年十一月の佐藤・ジョンソン会談では小笠原諸島の返還【図22】が合意さ

【図22】1968年の小笠原返還時に発行された記念切手

れたが、その返還方式に関する国会質問に答えて佐藤は、「核を持たず、つくらず、持ち込ませず」の非核三原則を表明し、防衛政策を大きく転換していた。

実は、それまで日本政府は法的には核武装は可能（ただし、政策として実行するか否かは別の次元の話）という立場を取っていた。すなわち、一九五七年五月八日の衆議院科学技術振興対策特別委員会で、内閣法制局長官（日本政府としての法解釈の最高責任者）の林修三は、「憲法九条のもとにおいて持てる自衛力」は「自衛のための必要最小限度」であるとしたうえで、現時点での核保有は「自衛権という限度から見れば入らない」としつつも、今後は「全部核兵器なるがゆえに頭からいけないのはおかしい」と答えている。したがって、この解釈を素直に読めば、林の答弁の時点で核保有国ではなかった近隣諸国が核保有国となるなど国際環境の前提が変わった時点で、日本国憲法を改正せずとも、核保有を検討することは可能ということになる。

当然のことながら、米国もこのことを承知しており、ジョンソン政権は日本に〝核武装も含めた自主防衛〟を打診し、一時は佐藤も同意したという。米国は同盟国の日本・韓国・フィリピン・オーストラリアを結ぶ縦のラインを、中ソを太平洋に進出させないための防衛線とみなしており、韓国、フィリピン、オーストラリアに加えタイやニュージーランドもその意向に沿う形でヴェトナムに派兵【図23】した。それにもかかわらず、同盟国の中で最大の経済力を有する

【図23】南ヴェトナムが発行した“国際協力の日”の記念切手には、南ヴェトナム支援のために派兵した自由主義諸国の国旗が描かれている。

日本だけがそこに加わらないのはあまりに不自然と米国が考えるのも当然である。

しかし、林長官の下で法制局次長時代から自衛隊を「必要最小限の戦力」と解釈してきた高辻正巳が、一九六四年、法制局長官に昇進。高辻は一九六七年三月二十五日の衆議院予算委員会で、「自衛力の限度とは何であるか」と自ら提起したうえで「通常兵器による局地戦以下」と答え（ただし、これは佐藤内閣の防衛政策は憲法違反ではない、との文脈での発言だが…）、核保有の可能性を完全に封じてしまった。その延長線上に導き出されたのが、非核三原則だったのである。

さらに、米国でニクソン政権が発足した後の一九六九年二月二十一日の参議院予算委員会で、高辻は、①全ての国には交戦権が認められている、②しかし、わが国は憲法で放棄している、③ただし、個別的自衛権は厳格な三要件（急迫不正の侵略、他に手段がない、最小限度）によってのみ認められる、という趣旨の発言を行い、さらに、同年三月十日の参議院予算委員会でも「小銃は戦力にあたらない」、「原爆保有は不可」、「軍艦は中間で不明」として、〝中間的な兵器〟は「意思によって判断するしかない」、すなわち、最終的には内閣法制局が個々の兵器の使用について合法・非合法を判断するとして、自衛隊の裁量の範囲を大きく制約した。

佐藤内閣の一連の対応から、ニクソン政権は日本が対ソ戦略上の重要なパートナーとはなり得ないことを理解した。そうなると、次善の策として、ソ連と直接的に敵対している中共との連携を模索するのは、米国にとって当然の判断だった。

結局、こうした日本側の制約を踏まえたうえで、沖縄返還交渉は進められた。ただし、中ソの核が極束に厳然と存在している以上、米軍にしてみれば、返還後も沖縄の米軍基地を維持し、必要に応じて核兵器を持ち込み、使用できなければ意味がない。

そこで、共同声明では「日米安保条約の事前協議制度に関する米国政府の立場を害することなく」との文言により、有事の際の核兵器持ち込みに関しては事前協議を行うことで可能とすることが含意された。

また、共同声明では「韓国の安全は日本自身の安全にとって緊要である」、「台湾地域における平和と安全の維持も日本の安全にとってきわめて重要な要素である」との韓国条項ならびに台湾条項も盛り込まれた。

この台湾条項を理由に、中共は〝日本軍国主義復活〟を批難し、佐藤内閣を盛大に批判したが、その一方で、米国との和解に向けて水面下の動きは着々と進行しており、ニクソン政権は台湾からの米軍撤退のシナリオさえ検討し始めていた。

当時、日本国内では、沖縄返還は佐藤内閣の〝自主外交〟の成果であり、韓国条項はそのための米国への譲歩と説明されたが、米国から見れば、グアム・ドクトリンに基づくアジア太平洋戦略の全面的な見直しの一環として、沖縄返還・韓国条項・台湾条項はリンクしており、佐藤内閣の〝自主性〟など微塵も考慮されていなかったのである。

第八章 さらば国連、荘敬自強

大阪万博と台湾

日米共同声明の〝台湾条項〟を批難した中共だったが、対米接近の方針はいささかも揺らぐことがなかった。一九七〇年一月二十日には、ワルシャワでの米中大使級会談が約三年ぶりに再開され、中共は「両国の緊張を緩和して抜本的に関係を改善するために他のチャンネルを通じた会談を検討する用意がある」とのシグナルを米国に送り、以後、両国はそれぞれの国内での根回しに動き出した。

一方、そうした米中の水面下の動きを察知していなかった日本では、一九七〇年三月十五日、日本万国博覧会（大阪万博）が開幕。国府が〝中国〟として〝中華民国館〟のパヴィリオンを出展した【図1】。

【図1】台湾が発行した大阪万博の記念切手。パヴィリオンを描く。

記念切手に取り上げられた中華民国パヴィリオンは、〝静観内省〟のコンセプトの下、世界的な建築家の具聿銘（イオミンペイ）が指導する青年建築家グループが簡素で変化に富んだパターン美を追求して設計した。敷地を一辺十八メートルの正方形で格子状に八等分し、これを基準として、その中に展示館、レストラン、広場が配置する構造で、展示館は二つの三角柱形で構成され、その間をガラス張りの三つの橋と屋根で結んで漢代の王宮の門を表現し、中華民国と諸外国との長い交流を強調しているという。国府こそが漢王朝以来の中国を代表する正統政権であるとの自負を表現しようとしたのであろう。

展示館の入口には、蒋介石総統の肖像と四ヵ国語のメッセージが掲げられ、館内の展示内容は、①伝統―進歩の源（敦煌石窟の菩薩像壁面と、飛天像の透明プラスチック製浮彫の模型など）、②中国の発明・発見（漢字、筆、墨などのほか中国が発明した印刷術の紹介と、唐代の金剛経、古代からの製本の歴史など）、③各時代の磁器、書画（台北の国立故宮博物院所蔵品の名品抜粋）、④中華民国の紹介、⑤台湾の紹介、⑥農業、⑦台湾の工業、等となっていた。

ここで、中華民国とは別に〝台湾〟が独立した項目として紹介されている点に注目したい。

一九六〇年代の中ソ対立は国府にとって有利な状況ではあったものの、中共も西側諸国への外交攻勢を強め、一九六四年にはフランスと国交を樹立するなどの成果を着々とあげていた。また、新興独立国の増加に伴い、国連での中共支持派は年々増加しており、国府の外交的な立場は不利な状況に追い込まれていた。

さらに、一九六四年の原爆実験、一九六七年の水爆実験を通じて中共は核保有国となり、軍事力のバランスは圧倒的に中共側に傾いていった。

こうした状況の下では、国府単独による〝大陸反攻〟がもはや実現不可能なことは誰の目にも明らかになっていたが、〝中国〟の正統政権を称して大陸から遷移してきた蒋介石政権としては、大陸反攻の建前を下すことができない。少なくとも、蒋介石の存命中は。

そこで、一九六六年九月から一九六七年三月にかけて、蒋介石・経国父子は、米国に対して大陸反攻の実現と米軍による支援を要請したが、ヴェトナム戦争への対応に追われていた米国にその余裕はなく、あっさり拒絶された。

一九六九年九月、蔣介石は台北の官邸から陽明山(ようめいさん)にある別荘に向かう途中で交通事故に遭い、胸を強打した。命に別状はなかったものの、事故後は急速に衰え、行政院副院長（副首相）の地位にあった蔣経国が政策決定を行うようになる。

蔣経国は、一九七〇年一月、三軍の総司令官など国軍の高級幹部らに、国際情勢の分析とそれを踏まえた軍事作戦のあり方について指示を出したが、これを機に、大陸への突撃計画は中断された。

1948年に撮影された、蔣介石（右）と長男の蔣経国（左）。

蔣経国は、〝（国府を唯一の合法政府とする）一つの中国〟論や〝大陸反攻〟のスローガンを放棄しなかったものの、徐々に中台が併存している現実を受け入れる方向にシフトしていく。大阪万博の中華民国パヴィリオンが、中華文明の歴史や故宮博物院の名品を展示し、国府が〝中国〟の正統政権であることを示しつつも、〝台湾〟を〝中国の一省〟に組み込むのではなく、独立した一項目として展示したのもそうした方針転換を反映したものとみてよい。

珍宝島事件以降、米中接近の空気を察知した蔣経国は、一九七〇年四月、米国からの招請を受けるというかたちで訪米した。蔣はニクソンとも会談し、中華民国への支援の継続を直訴したが、ニクソンの態度は儀礼的なものでしかなく、国府を失望させた。

ピンポン外交

一方、北京政府の内部では、ソ連を最大の脅威ととらえて対米関係の改善を主張する周恩来と、米国との関係改善には否定的な林彪の路線対立があったが、一九七〇年八月二十三日から九月六日にかけて開かれた中国共産党中央委員会総会（第九期二中全会）で、毛沢東は周恩来の対米接近路線を採択。毛沢東は十月の国慶節に米国人ジャーナリストのエドガー・スノーを招待し、スノーは、『ライフ』誌に「ニクソンの訪中を歓迎する」という毛沢東のインタビュー記事を掲載する。

時を同じくして、一九七〇年九月末、アジア卓球連盟（アジア卓連）会長で日本卓球協会会長の後藤鉀二（ごとうこうじ）と同協会常任理事の荻村伊智朗（おぎむらいちろう）が訪中。彼らの目的は、一九七一年三月二十八日から四月七日まで名古屋で開催される第三十一回世界卓球選手権を〝世界一の大会〟にすべく、中共選手の参加を要請することにあった。

中共は一九六一年から一九六三年まで、世界卓球選手権で三大会連続団体優勝を果たしている。特に、一九六五年四月十五日から二十五日まで、ユーゴスラヴィア（当時）のリュブリャーナで開催された第二十八回大会【図2】では、個人団体七種目中、五種目で優勝した実績のある卓球大国である。

一九六六年に文化大革命が発動されると、卓球に限らず、中共選手の（一般的な）世界大会への選手の参加は不可能となった。

もともと、中共はインドネシアと共に新興国競技大会（GANEFO／178ページ参照）を主導し、国際五輪委員会（IOC）をはじめ、西側が参加する各種国際競技組織の多くと関係が悪化していたが、一九六五年

【図2】1965年の世界卓球選手権に際して中国が発行した記念切手

にインドネシアでスカルノが失脚し、後継のスハルト政権が西側陣営の一員として明確な反共路線を採択すると、GANEFOも事実上の開店休業状態に追い込まれた。そこで、中共は新たに北京に〝アジア新興国競技大会(Asian GANEFO)〟の本部を立ち上げ、既存の国際大会に対抗しうる国際スポーツ大会の開催地として、当時急速に反米色を強めていたカンボジアに白羽の矢を立て、一九六六年十一月二十五日から十二月六日まで、プノンペンでアジア新興国競技大会を開催させた。

　こうした経緯で開催された大会には、主催国のカンボジアのほか、セイロン、中国、インドネシア、イラク、日本、北朝鮮、ラオス、レバノン、モンゴル、ネパール、パキスタン、パレスチナ、シンガポール、シリア、北ヴェトナム、イエメンの17ヵ国が参加したという体裁が整えられた。参加国の多くは、いわゆる〝非同盟中立〟を標榜する左派政権の国で、同時期(一九六六年十二月九〜二十日)にバンコクで開催された第五回アジア競技大会には参加していない。また、セイロン、インドネシア、日本、パキスタン、シンガポールの各国はバンコクのアジア大会にも参加したが、一九六二年のジャカルタでのGANEFO大会の時と同様、プノンペンの大会に参加することは選手としての活動に不利になることが予想されたため、各国の主流の団体には属さない選手しか参加しなかった。

大会の結果としては、中国が一〇八の金メダルを獲得して貫録をみせつけ、次いで、北朝鮮が金メダル三十、開催国のカンボジアが金メダル十で続いている。ちなみに、日本人選手の金メダル獲得数はカンボジアと同じ十だったが、一九六二年の第四回アジア大会(国府とイスラエルの参加をめぐって紛糾した大会)での日本の金メダル獲得数が七十三、カンボジアの獲得数がゼロであったことを考えると、大会のレベルもおのずと推測できるだろう。

このように、プノンペンの大会は中共主導のプロパガンダ的な色彩の強い大会であったことに加え、当時は既に文革が始まっていたため、中共が四種セットで発行した記念切手【図3】も競技中の選手を描いたものが一枚もないという異様なものだった。それでも、そのうちの一枚は『毛主席語録』を学習する選手たちという、いかにも文革の時代らしい題材でありながらも、選手の傍らに卓球のラケットが描かれており(下)、中国社会における卓球の重要性を垣間見ることができる。

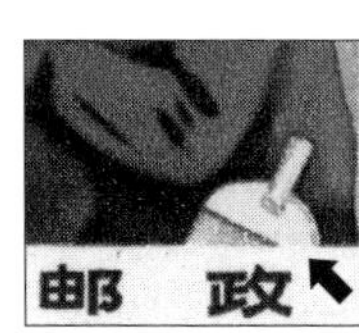

さて、文革最中の中共が国際大会への不参加を続ける中、アジア卓連に加盟していた国府は、従来通り、国際大会への参加を続けていた。一方、中共は国府の存在を認めないという建前から、アジア卓連に加盟せず、国際卓球連盟(国際卓連)に直接加盟するという形式を採ることで国際社会への参加資格を得ていた。

しかし、中共の国際大会不参加が続いたことから、一九六八年三月、名古屋で開催されたアジア卓球連盟首脳会議で、国府の国際卓球連盟への加盟推薦が了承される。

これに対して、中共は激しく反発し、同年の四月

【図3】1966年のアジア新興国競技大会の記念切手

▲敬愛する毛主席

▲選手団の団結

▲各国選手との交流

▲学習する選手

スポーツ大会の記念切手だが、競技中の図案はなく、多くの選手たちが『毛主席語録』を携えている。

の新華社電は「後藤会長らは最近、名古屋でのアジア卓連総会で国際卓連への台湾加盟を推薦した。アジア卓連は米帝国主義とその手先の佐藤政府にそそのかされて国際スポーツ界に『二つの中国』を作り出す陰謀を進めている」と非難した。

対応に苦慮した後藤は日本中国文化交流協会常務理事の西園寺公一（さいおんじきんかず）と協議する。

公一は、元老・西園寺公望（きんもち）の養子・八郎（八郎の実父は旧長州藩主の毛利元徳）の子だが、マルクス主義に傾倒し、一九四一年にゾルゲ事件に連座して下獄。一九四七年には参議院議員に当選し一期務めた。一九五五年、東側諸国が主導した世界平和評議会に日本共産党系の日本平和委員会から〝日本代表〟として派遣され、そのままウィーンに滞在。一九五七年に中共の〝人民交流〟の日本側の窓口となり、家族とともに北京に移住。中共から〝日中文化交流協会常務理事〟や〝アジア太平洋地域平和連絡委員会副秘書長〟の肩書と、五〇〇元（ちなみに毛沢東の月給は六〇〇元）の給与を与えられ、廖承志と共に中共の対日工作を担っていた。

文革が始まり、日本共産党（西園寺は一九五八年に入党していた）と中共党の関係が悪化すると、一九六七年二月、日共は「日本人の勤労人民としての生活経験をもたず、中華人民共和国においても、社会主義の政府によって与えられている特恵的な生活になれて」「特定の外国勢力に盲従して、分裂と破壊活動に狂奔するようになった」として西園寺を除名。さらに、その〝反革命的な〟出自や劉少奇らの〝実権派〟と親密であったことが問題視され、一九七〇年八月、追放に等しい形で日本に帰国していた。

帰国後は、当時の日本社会に文革の実態がよく知られていなかったことを利用し、文革や毛沢東を礼賛する言論活動を行いつつ、中共との〝人脈〟を誇示して日中間の自称仲介役のようなことをしていた。

後に西園寺は「一九七〇年の夏、私が十三年半も住み慣れた北京から帰国したとき持ち帰った重要案件の一つは、翌年に名古屋で開催される世界卓球選手権大会に中国が参加するかどうかという問題だった。条件さえととのえば、中国はぜひ参加したいのである。条件というのはもちろん台湾だ。いかなることがあっても、一国を僭称する台湾の代表とは同席しないのが中国の一貫した原則なのだ」と回想しているが、中共から追われるように逃げてきた彼が帰国後も実際に中共の対日工作に関与しえたのかどうか、その真偽は疑わしい。

しかし、北京時代の西園寺と個人的な親交のあった後藤は、西園寺に促されるまま、〝二つの中国の問題解決に必要な処置〟として、国府をアジア卓球連盟から除名することを決断。一九七〇年十二月三十日、日本協会として「国際卓連の規則に従ってアジア卓連から台湾を除き、中国の世界選手権参加を推進する」ことが決定され、後藤は「世界選手権を名実ともに世界選手権とするために中国に出場してもらわなくてはならない。国際卓連の規則に従い台湾を除外するよう主張する」との談話を発表。さらに、協会として一九五八年の「日中関係政治三原則（中国を敵視する政策をとらない、〝二つの中国〟をつくりだす陰謀に加わらない、日中国交〝正常化〟を妨げない）」に基づいて、日中卓球界の友好交流を図るという方針が確認された。日本の卓球界が、完全に中共の軍門に屈した瞬間である。

翌一九七一年一月二十五日、後藤は秘書の小田悠祐、日本協会理事の森武、日中文化交流協会事務局長の村岡久平と共に北京入りする。

訪中した後藤は、アジア卓球連盟から国府を排除するか、後藤がアジア卓球連盟会長を辞任するとともに「日中政治三原則」に準拠した内容の草案を提示。これに対して、中共側の草案には台湾は中国の一つの省に過ぎないことや、蒋介石を名指しで非難する文言があり、交渉は難航した。それでも、最終的に周恩来の指示で中共側が妥協し、二月一日、名古屋大会に関する双方の「会談紀要（覚書）」が調印され、中共選手団の名古屋大会招請が正式に決定した。

日中間の「会談紀要」の調印を受けて、後藤は二月七日からシンガポールで開催されたアジア卓連臨時総会に出席し、「会談紀要」の第一条に基づき、国際卓球連盟の規約に従い、〝中華民国〟の除名を提案したが、韓国、マレーシアなど多数を占める国府支持の国々の反対に遭い、会長職を辞任した。

当然のことながら、日本国内では、親台湾派の代議士・石井光次郎が会長を務める日本体育協会や文部省が後藤と日本卓球協会にクレームをつけ、右翼団体は後藤らを脅迫するなどしたが、結局、三月二十八日から名古屋で開催された世界卓球選手権には中共代表が堂々と参加する。
なお、日本は国府追放の責任を取ってアジア卓連を脱退せざるを得なくなるが、中共をも含めた組織の再編として、一九七二年五月にはアジア卓球連合が創設され、同年九月にはアジア卓球連合主催としては第一回のアジア卓球選手権【図4】が北京で開催された。

▲選手の歓迎

▲大会のバッジ

▲友情

▲男女混合ダブルス

【図4】第1回アジア卓球選手権大会の開催に際して、開催国の中国が発行した記念切手

尖閣問題の発生

一方、大阪万博にこそ〝中華民国〟としてパヴィリオンを出展した国府だったが、沖縄返還を前に、米中が接近していくことには強い危機感を抱いていた。その反面、返還後の沖縄における米軍のプレゼンスが低下することは、尖閣問題に関して有利に働くのではないかと国府は考えていた。

尖閣諸島は、石垣島の北方約一三〇～一五〇キロの地点に位置する島嶼郡で、魚釣島、北小島、南小島、久場島、大正島、沖の北岩、沖の南岩、飛瀬などで構成されている。

もともと、尖閣諸島は琉球王国から中国大陸への

尖閣諸島地図

中国大陸
魚釣島
沖縄本島
石垣島
台湾
与那国島

尖閣諸島拡大図

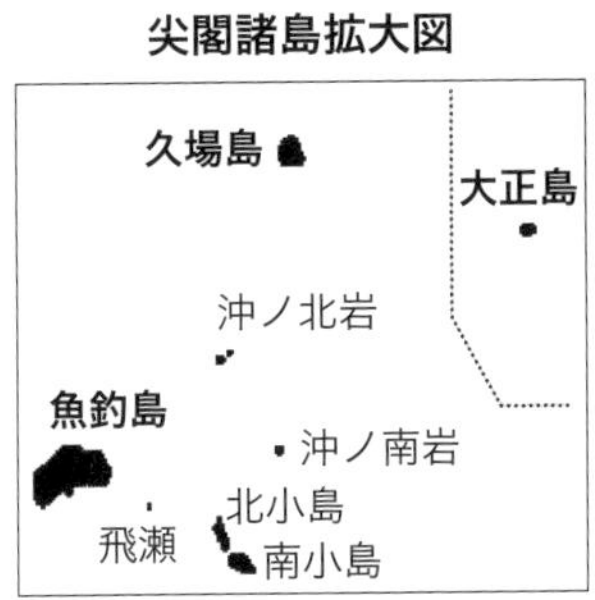

航路上にあり、冊封使の航路の目標島として琉球王国の支配下にあるものと考えられてきた。実際、一八一九年には、公務中の琉球王族が魚釣島に上陸して飲水を調査している。

一八七九年の琉球処分で沖縄県が設置されると、尖閣諸島も自動的に沖縄県に含まれるものと考えられたが、明治政府は外交上の配慮から慎重な調査を行い、一八九五年一月十四日、無主地先占（むしゅちせんせん）という国際法の原則にもとづき、正式に尖閣諸島を日本領として編入し、現地に国標を設置することを閣議決定。

翌一八九六年四月一日、尖閣諸島は正式に沖縄県八重山郡に編入され、魚釣島、久場島、南小島、北小島、大正島を国有地としたうえで、大正島を除く四島は、福岡出身の古賀辰四郎に三十年間の期限付きで無償貸与された。

第二次大戦後の一九四五年十月二十五日、台湾は戦勝国の国府によって接収され、一九五二年に発効した対日講和条約で、日本は〝台湾〟の領有権を正式に放棄した。ここでいう〝台湾〟は日本の旧台湾総督府が統治していた台湾島と澎湖諸島のことで、尖閣諸島は含まれていなかった。

一方、戦前の尖閣諸島は沖縄県八重山支庁の管轄下にあったが、一九四五年十一月十六日に告示された「米国海軍軍政府布告第一－A号」により米軍の軍政下に入り、その後、琉球列島米国民政府および琉球政府が管轄する地域に編入された。

一九五二年に国府との間で締結された日華平和条約では、第二条で「日本国は、一九五一年九月八日にアメリカ合衆国のサンフランシスコ市で署名された日本国との平和条約第二条に基き、台湾及び澎湖諸島並びに新南群島及び西沙群島に対するすべての権利、権原及び請求権を放棄したことが承認される」としているものの尖閣諸島は台湾に属するとは解釈されていなかった。

また、一九五三年一月八日付の『人民日報』の「琉球群島人民による反米闘争」と題する記事には「琉球群島は我国（＝中共）の台湾東北（北東）と日本の九州島西南の海上に位置する。そこには尖閣諸島、先島諸島、大東諸島、沖縄諸島、トカラ諸島、大隅諸島など七つの島嶼からなっており…」との一文があり、尖閣諸島を琉球に含まれるものとして紹介している。

さらに、米施政権下では、尖閣諸島の久場島と大正島が米軍の射爆場として使用されていたが、この点について中共は一度も抗議声明を出しておらず、尖閣諸島は米施政権下の琉球同様、潜在的な日本の主権下にあるというのが国際的なコンセンサスだったとみてよい。

しかしながら、尖閣諸島近海は好漁場であるため、台湾漁民が勝手に操業し、日本側とのトラブルになる事件が頻発していた。また、尖閣諸島には絶滅危惧種のアホウドリが棲息していたが、島に上陸した台湾人漁民は鳥とその卵を乱獲したため、アホウドリの保護が急務になっていた。

ところが、尖閣諸島を管轄する琉球政府には外交交渉権がなく、また本来主権を持つ日本政府も当時の沖縄の施政権は返還されていなかったため、日本側は有効な対策を講じることができず、米国も台北の米国大使館を通じて国府に抗議したものの、蒋介石政権との関係悪化を恐れて、国府の取り締まりが不十分であっても、そのまま放置せざるを得なかった。ただし、南小島を占拠していた台湾人に関しては、一九六八年、米当局は退去勧告を発し再度の入域を希望する場合には許可証を得るように指導が行われた。翌一九六九年にかけて入域した者は琉球列島高等弁務官の入域許可を得ており、この措置に対しては国府が異議を申し立てることもなかった。

海鳥の楽園として知られていた尖閣諸島のアホウドリは、乱獲のため激減。日本の大学研究機関や環境省などの尽力により、その数は増えつつある。写真は2001年に、南小島の北側斜面で営巣する姿が初めて確認されたアホウドリの群れ。（朝日新聞社提供）

　いずれにせよ、地元では、台湾漁民の尖閣諸島入域が常態化すれば、〝第二の竹島〟になるのではないかとの懸念が強く、琉球政府も尖閣諸島が石垣市に属することを前提に警察本部の救難艇による警備を実施し、台湾漁船に退去を命令するなどの対策はしていた。

　ところで、一九六八年十月十二日から十一月二十九日にかけて、米・日・韓・台等の代表が参加した東・東南アジア地球科学計画調整委員会（ＣＣＯＰ）が尖閣諸島海域を含む東シナ海海域の海底調査を行った結果、東シナ海の大陸棚に石油資源が埋蔵されている可能性が指摘された。ついで、一九六九年および一九七〇年に国連が行った海洋調査では、尖閣諸島を含む海域の石油の埋蔵量は、イラクの埋蔵量に匹敵する推定一〇九五億バレルにも及ぶ可能性が指摘された。

　試掘結果を受けて、一九六九年七月十七日、国府は台湾島に隣接する領海外の大陸棚に存在する天然資源に対する主権行使の声明を発表する。それでも、国際的には尖閣諸島の領有権は日本にあるというのがコンセンサスだったから、米国の石油メジャー、ガルフ・オイル社は佐藤内閣に尖閣周辺での試掘を提案する。

実は、一九六七年頃から琉球政府は、沖縄本島東海岸中部の金武湾(きんわん)を一大工業地域とすべく外資の誘致に乗り出し、沖縄長期経済開発計画を策定。世界的なアルミ企業のアルコアやアラビア石油株式会社、沖縄アルミ株式会社、石油備蓄基地（CTS）用地の埋め立てを行う沖縄三菱開発株式会社等に外資免許を付与していた。【図5】

【図5】1972年1月20日、琉球郵政が発行した“与勝(よかつ)諸島政府立公園”の切手。与勝諸島は沖縄本島中部の東海岸に近接する島々で、サンゴ礁が発達している。切手は屋慶名湾からの藪地島を描く。沖縄長期経済開発計画に基づき、復帰直前の1972年には64万坪の海面が埋め立てられることになり、その過程で、海上公園としての指定が開発の障碍になっているとの判断から、この切手が発行から3ヵ月後の4月18日、琉球政府は「既に石油企業が進出して自然公園としての価値を喪失した」として、指定を解除した。

ガルフ・オイル社は、こうした琉球政府の政策に沿って、一九七〇年に石油精製事業のために平安座島(へんざじま)と屋慶名(やけな)を結ぶ海中道路を建設した実績があり、尖閣周辺での試掘の提案もそれを踏まえてのものだった。

しかし、佐藤内閣は〝国内問題〟として試掘の提案を拒否。そこで、ガルフ・オイル社は国府に対して「尖閣諸島は、本来〝中国〟の領土のはずだ」として、試掘の許可を申請。これを受けて、一九七〇年七月十七日、国府はパシフィック・ガルフ社（ガルフ・オイル社の子会社）に周辺海域の大陸棚探査権を与えるとともに、この地域の大陸棚に存在する天然資源に対する主権行使の声明を発表した。

この間、五月十八日には『人民日報』が「佐藤反動政府は我が釣魚島等島嶼を併呑して新しい手口を弄する」と論評し、尖閣諸島問題に参画する。

世界的には対日戦勝二十五周年の記念日にあたる一九七〇年九月二日、国府の水産試験所の船が魚釣島に上陸し、青天白日旗を掲揚。国府は「魚釣島の青天白日旗」の写真を通信社に配信したため、日本政府が抗議し、九月中旬に琉球政府は青天白日旗を撤去した。

さらに、一九七一年二月には、台湾で生まれ育った中華民国籍の在米留学生が、尖閣諸島は中華民国の固有の領土であると主張して反日デモを展開。彼らはワシントンの米国務省横の広場で集会を開いた後、国務省、国府大使館、日本大使館に向かい、抗議行動を行った。また、ロサンゼルスでも、中国系の学生二〇〇人が日本総領事館にデモを行い、「大東亜共栄圏粉砕」「佐藤内閣打倒」などのプラカードを掲げながら気勢を上げた。

抗議行動の直接の名目は尖閣諸島の領有権問題だが、その背景には、名古屋で開催された世界卓球選手権大会への中共選手団の参加と、台湾のアジア卓球連盟からの追放が決定されたことを受け、友好国を一方的に見捨てようとする日本(卓球協会)への怒りがあったのは言うまでもない。

さらに、日米間で沖縄返還協定が調印される直前の六月十一日、返還協定で米国が尖閣諸島を日本領と認定することを予期した国府は、これを牽制するため、「釣魚台列嶼の主権に関する外交部声明」を発表し、釣魚台列嶼は台湾の領土の一部であること、中華民国政府は領土保全の神聖な義務に基づき、いかなる情況下にあっても、絶対に微少領土の主権を放棄することはできないと強調した。

六月十七日、一九六九年の佐藤・ニクソン共同声明での「一九七二年・核抜き本土並み」という方針に基づいて、返還について具体的に取り決めた「琉球諸島および大東諸島に関する日本国とアメリカ合衆国との間の協定（沖縄返還協定）【図6】」が調印された。協定は前文と九条からなり、前文で佐藤・ニクソン共同声明を基礎に沖縄が返還されることを再確認したうえで、①返還後の沖縄には安保条約を含む日米間の条約、協定を適用すること、②返還と同時に現在の米軍基地の大部分を施設、区域として再び提供すること、③沖縄県民の対米請求権を原則的に放棄すること、④米国資産の引継ぎなどの代償として日本側が三億二〇〇〇万ドルを支払うこと、⑤裁判の効力を原則的に引継ぐこと、⑥VOA放送（ヴォイス・オブ・アメリカ）を返還後も暫定的に存続させること、などが規定され、返還対象の地理的範囲には尖閣諸島も含まれることが確認された。

【図6】返還協定は1972年3月15日に批准され、同年4月17日、琉球政府は記念切手を発行した。

なお、尖閣諸島をめぐる緊張が高まる中、琉球政府は一九七一年中に魚釣島の地図切手の発行を計画し、大蔵省印刷局に印刷を依頼した。ところが、この計画を察知した日本の外務省は「中国や台湾などを刺激する」として発行の中止を強く要求したため、琉球政府は切手の発行を断念せざるを得なかった。

そうした中、一九七一年に琉球大学調査団が尖閣諸島の南小島で絶滅危惧種のアホウドリが棲息しているのを発見。そこで、琉球政府郵政庁は、アホウドリの切手を発行することで間接的に尖閣諸島が沖縄に属していることを表現することとし、日米当局の圧力をかわそうと考え、一九七二年に発行の〝海洋シリーズ〟の一枚に件の切手を含めることにした。

もともと、〝海洋シリーズ〟は、沖縄の復帰記念事業として計画された「沖縄国際海洋博覧会（海洋博）」の前宣伝を主たる目的として企画された。

一九六九年の佐藤・ニクソン共同声明で沖縄の祖国復帰が決定されたことを受けて、一九七〇年、沖縄では海洋博沖縄開催推進協議会が発足。同会の誘致活動を受けて、一九七〇年八月十五日、琉球政府は沖縄で海洋博を開催したい旨、日本政府に対して正式に要請した。これを受けて、日本政府は一九七一年六月、通産省に沖縄海洋博覧会調査室を設け、十月二十二日には海洋博実現のための国際手続きを進めることで閣議了承を行った。日本政府による海洋博開催の申請は、同年十一月二十四日の国際博覧会事務局の理事会で承認された。

これを受けて、沖縄の海洋の自然を紹介する切手としてデザインされたのが〝海洋シリーズ〟で、一九七二年三月二十一日に「夕日と海」、三月三十日に「サンゴ礁」、四月十四日に「海鳥」の切手が発行された。

このうち、南小島の写真とアホウドリの剝製をもとに、琉球大学教授の安次富長昭（あしとみちょうしょう）が原画を作成したのが「海鳥」【図7】だが、現場の思いとは裏腹に、この切手が尖閣諸島を題材としたものであることは、当時はほとんど語られなかった。

【図7】尖閣諸島を題材とした沖縄・海洋シリーズの「海鳥」

ニクソン・ショック

さて、名古屋での世界卓球選手権の会期中、中共選手団には他国とは別の宿舎が割り当てられたが、一九七一年四月四日、会場の愛知県体育館へ向う際に米国選手のグレン・コーワンがバスを乗り間違えて、中共選手団のバスに乗りこんでしまうというハプニングがあった。

文革時代の中国にあっては、外国人との接触はスパイ容疑をかけられかねない恐れがあり、派遣された選手も特に米国選手とだけは接触していけないとの規律があった。しかし、中国のエースだった荘則棟は「米国の選手と中国の人民は友だちです」と声をかけ、コーワンと握手をし、土産物を手渡した。

この一件で、荘は〝規律違反〟には問われず、むしろ、中共指導部はこの一件を米中接近のための外交的なカードとして利用する。

すなわち、コーワンと荘の一件を機に、米国代表チームのハリソン副団長が米国代表を大陸に招待してほしいと申し出ると、毛沢東は外交部の反対を抑えて米国選手の招待を決定。四月七日の名古屋大会終了後、同月十日、一九四九年に中華人民共和国が発足して以降、初めての米国人による中国大陸公式訪問が実現した。

その後、米国の特使を受け入れる用意がある旨の周恩来の四月二十一日付の親書が米国に届けられ、五月十日、米国は周恩来宛にニクソンが招待を受諾すること、その準備のためにキッシンジャーを極秘に派遣することを伝達する。

キッシンジャーの訪中に備え、五月二十六日、周恩来は毛沢東と連携して党政治局会議を開いて「対米八項目原則」を発表し、米軍の台湾からの撤退や

バスに間違って乗りこんだ米国のコーワン選手と握手を交わす荘則棟選手（共同通信社提供）

〝一つの中国〟原則など、中共の従来からの主張を米軍が完全に認めない限り、当面は双方の首都に連絡事務所を設けるものの、両国の国交樹立は先延ばしにするという基本方針が確認された。

中共は五月二十九日にあらためて米側に「毛沢東を代表して正式にニクソン訪中を招請し、キッシンジャーが秘密裏に中国を訪問して必要な各種準備作業を行うことを歓迎する」旨の返書を送った。返書は六月二日に米側に届けられ、七月九日、キッシンジャーはパキスタン経由で極秘に訪中する。

このときの極秘会談では、キッシンジャーと周恩来は、まず、お互いに十分な信頼関係を築くことに重点が置かれ、それは、すぐに両国が友好関係とまではいかなくても（ソ連という共通の敵を前に）戦略的協力関係を結ぶところまで持っていくことが目標とするという認識を共有することで一応達せられた。

また、最大の懸案事項となっていた台湾問題については、①すぐに解決すべき問題としてではなく、米軍の台湾からの撤退はインドシナでの戦争が解決したらという条件付きにする、②中華人民共和国が唯一の合法政府と認めることについては、当時の米国国内の事情を鑑み、米国は〝一つの中国〟という概念を段階的に受け入れること、等で合意が成立。日米安保についても、「日本には拡張主義的傾向がある」との周恩来の懸念に対して、キッシンジャーはそれを認めつつ、日米安保がむしろ日本の軍事力拡大を抑える〝瓶の蓋〟になっていると説明。この認識が米中間で共有された。

北京の後、パリでレ・ドゥク・ト(ヴェトナム共産党政治局員)率いる北ヴェトナムの代表団との秘密交渉を終えたキッシンジャーは、七月十三日に帰国。キッシンジャーからの説明を受けたニクソンは、七月十五日午後九時から全米のテレビで、七月九日から極秘にキッシンジャー補佐官を北京に派遣して周恩来首相と会談させたことを明かし、両国関係の〝正常化〟を模索し、ともに関心を寄せる問題について意見を交換するために、翌年(一九七二年)五月までに大統領がみずから訪中すると発表した。

いわゆる(第一次)ニクソン・ショックである。

この発表は、日本には事前の通告がなかったため、米中の〝頭越し〟外交は日本に大きな衝撃を与えた。

ニクソンが訪中の意向を発表した時点で、西側先進諸国のうち、英仏伊加の四国はすでに中共を承認しており、国府との国交を維持して中共を未承認だったのは、米国以外は日本と西ドイツのみで、なおかつ、日本は歴史的にも国府との関係が深かったので、米国からすれば、事前に情報が洩れると対中交渉に支障が出かねないという懸念があった。

また、アジア太平洋地域における重要な同盟国ではあるものの、非核三原則を盾に米国の東アジア戦略の再構築には非協力的で、そのうえ、当時の懸案事項であった日米繊維問題でも全く動かない日本に対して、ニクソンはかなり苛立っており、「日本にとっての悪夢は、知らぬ間に日本の頭越しに米中が手を握る状態が訪れることだ」(一九五七〜六三年に駐米大使を務めた朝海浩一郎の発言)という事情を知ったうえで意趣返しをしたという面もあった。

日米繊維摩擦の根は深く、一九五五年、米国が繊維製品の輸入関税を引き下げると、安価な日本製品が米国へ大量に出荷され、米国の繊維業界は深刻な打撃を受けたのが発端である。このため一九五七年に日米綿製品協定が結ばれ、日本は五年間の輸出自主規制を行った。その後、綿以外の毛や化学繊維でも日本製品が米国市場を席巻する中で、ニクソンが一九六八年の大統領選挙で、国内繊維産業の保護を公約に掲げて当選した。このため、彼は就任後まもない一九六九年五月、日本に対して毛・合織製品の対米輸出規制の協定締結を要請。さらに、同年七月の日米貿易経済合同委員会で、日本に対して公式に繊維製品の対米輸出の自主規制を要求した。ここから日米繊維問題が日米間の懸案として政治問題化。一九七一年二月、日本の業界団体である日本繊維産業連盟が自主規制案を発表したが、米国はこれに納得せず、大平正芳、宮澤喜一の二代にわたる通産大臣の下で、交渉は暗礁に乗り上げていた。

次いで、(第一次)ニクソン・ショックの衝撃も冷めやらぬ八月十五日、ニクソンはホワイトハウスから全米に向けたテレビ・ラジオの声明で、米国内の失業とインフレーション対策として、①金とドルの交換を一時停止(最終的に永久停止となった)、②十パーセントの輸入課徴金の導入、③九十日間の賃金・物価凍結を中心とする価格政策、を骨子とする〝新経済政策〟を発表した。

この発表は世界経済に大きな衝撃を与え、第二次ニクソン・ショックないしはドル・ショックと呼ばれた。ドル・ショックを受けて、一ドル=三六〇円だった為替相場は、一九七一年十二月のスミソニアン協定で、一ドル=三〇八円とされたが、その後も米ドルの下落は止まらず、一九七三年二月、わが国は変動相場制に移行し【図8/次ページ】、実質的な円安の恩恵を受けて輸出を極端に伸ばしていた日本

【図8】1971年8月のドル・ショックを受け、翌1972年5月に本土復帰を控えた沖縄では、それまで住民が日常的に使用していた米ドルの価値が一挙に下落することで、復帰後の住民生活に大きな打撃を与えることが予想された。このため、琉球政府は琉球内で流通していたドル通貨を確定し、その分については特別レートでの交換を行うことを提案。

その作業に際して、1971年8月30日に発行予定だった西表政府立公園の切手を、切手としては不発行とし、通貨確認証紙として使用した。1971年10月から沖縄内の金融機関窓口で始まった通貨確認の申請書には、この“証紙”を貼り、“1972 祝復帰 琉球政府”の文字が入ったゴム印を押すことになったが、沖縄人民党の議員団から「復帰については賛否両論があり、“祝”というのは県民の総意ではない」とのクレームがつけられたため、ここに示すように、ゴム印の祝の字が削られて使われた例が多い。

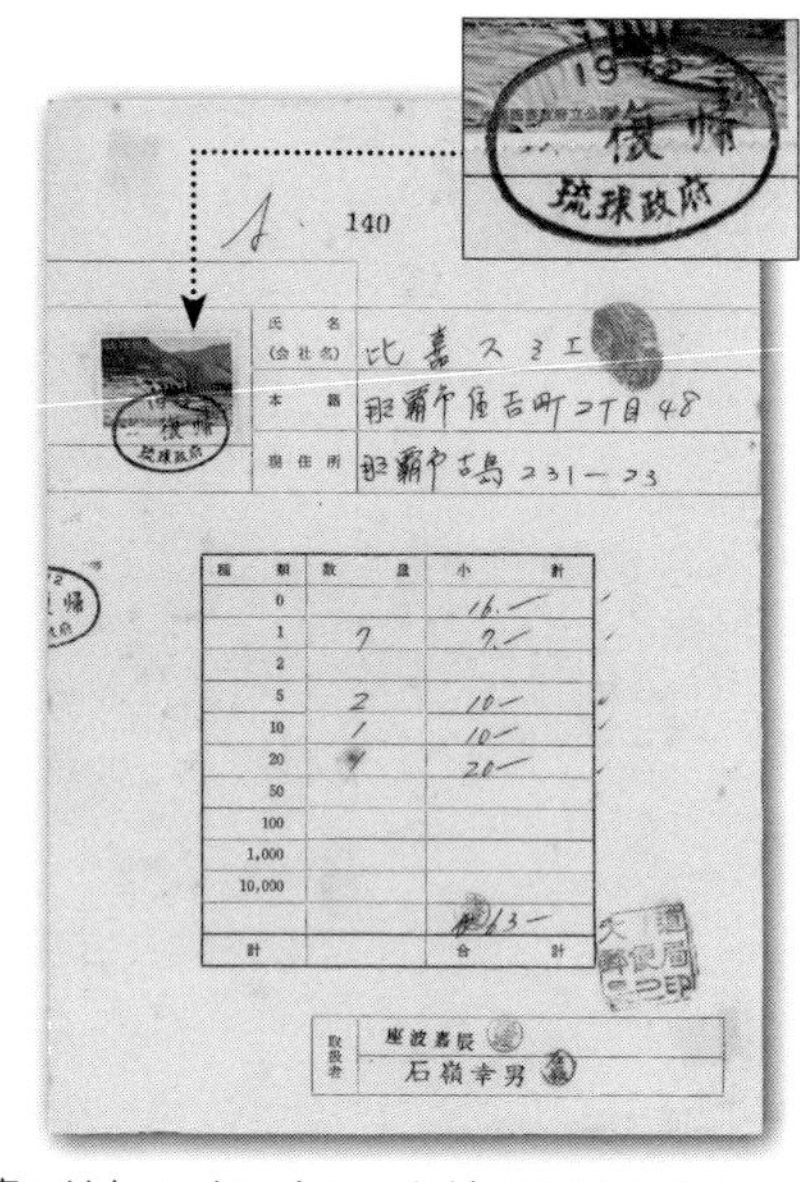
140

氏名（会社名） 比嘉スミエ
本籍 [illegible]
現住所 [illegible]

種類	数量	小計
0		16.—
1	7	7.—
2		
5	2	10—
10	1	10—
20	[illegible]	20—
50		
100		
1,000		
10,000		
		[illegible]3—
計		合計

取扱者 石嶺幸男

経済は大きな打撃を受けた。

二度のニクソン・ショックにより、冷却化した日米関係を修復するための手段として、佐藤内閣は昭和天皇・香淳皇后ご夫妻の訪欧を活用する【図9】。

昭和天皇ご夫妻の訪欧は、建前としては、前年（一九七〇年）の大阪万博に際して、ベルギーのボードワン国王の招聘を受けたことによるもので、九月二十七日から十月十四日の日程で、英国・ベルギー・西ドイツの三ヵ国が公式訪問、デンマーク・フランス・オランダ・スイスの四ヵ国が非公式訪問だった。なお、歴代の天皇がその在位の期間内に日本を離れるのはこれが最初のことである。

ご訪欧は、欧州への直行便ではなく、あえて、給油のために米国のアンカレッジ（アラスカ州）に立ち寄ってから欧州に向かうルートが採用された。

アンカレッジでは、昭和天皇が外国で最初に降り立つ土地は米国の領土であることがさかんに強調されたほか、当日は大統領のニクソンが自ら天皇を出迎えている。さらに、ニクソンは歓迎演説の中で、アンカレッジは東京とワシントンから等距離にあることを指摘し、天皇とともに、日米両国の友情と協力の関係は不変のものであることを誓い合うといったパフォーマンスまで行われた。

【図９】昭和天皇訪欧の記念切手

　ニクソンのこうした歓待は、結果的に翌年（一九七二年）の沖縄返還を控えて、繊維問題や中国問題などでこじれた日米間の感情的なしこりを解きほぐす上で大いに効果があったといわれている。

　一方、日米の懸案事項であった繊維問題については、一九七一年七月五日の内閣改造で通産大臣に任命された田中角栄が、同年十月十五日、米側原案に近い形での「日米繊維問題の政府間協定の了解覚書」を仮調印し、日本企業が対米輸出を自主規制する代わりに、日本政府が国内の繊維業界へ約二〇〇〇億円の救済融資を行うということで一応の決着が図られた。

国連の代表権は国府から中共へ

　ニクソンが訪中の意向を示したことを受けて、一九七一年七月中旬、アルバニア、アルジェリア、ルーマニアなどの共同提案国二十三ヵ国が「中華人民共和国政府の代表権回復、中華民国政府追放」を趣旨とする〝アルバニア決議案〟を、国連事務局に提出した。

その後、中共側は、〝中華民国〟ではなく〝蔣介石の代表〟の国連追放と文言を改め、九月二十五日、アルバニアを経由し〝国府追放・北京招請〟決議案を第二十六回国連総会に提出した。

アルバニアはバルカンの社会主義国だったが、中ソ対立が激化すると親中姿勢を鮮明にし、ソ連・東欧諸国との関係を断絶していた。また、文革に大きな刺激を受け、中共以上に、ブルジョア文化の排除と思想の純潔強化を国民に強要。一九六七年には宗教を完全に否定する〝無神国家〟を宣言したのをはじめ、幹部・知識人の肉体労働の強化、英雄をたたえる文化活動、軍隊内での政治学習の強化などが徹底されていた【図10】。

【図10】1969年にアルバニアが発行した中華人民共和国建国20周年の記念切手。文革を礼賛し、『毛主席語録』を掲げる若者たちを描いている。

特に、一九六八年にソ連がチェコスロヴァキアに軍事介入すると、ソ連の軍事介入をおそれたアルバニアは、ワルシャワ条約機構から脱退。ソ連を仮想敵国として中共との軍事的な関係を強化しており、当時の国連では中共の代弁者として、前年の一九七〇年にも同様の決議案を提出していた。

アルバニア決議案に対して、米国は、国府に安保理常任理事国のみ辞退し、国連議席を守るいわゆる二重代表制決議案を提出。八月の時点で「中華人民共和国の国連加盟には賛成するが、中華民国の議席追放には反対する」とした基本方針を発表していたわが国は、アルバニア決議案には総会の三分の二の賛成が必要とする（追放反対）重要問題決議案および二重代表制決議案の共同提案国となる。

十月二十五日の総会では、まず、重要問題決議案についての採決が行われ、日米の多数派工作もむなしく、賛成五十五、反対五十九、棄権十五、欠席二で否決された。

アルバニア決議案が総会の過半数の賛成を得ることはほぼ確実だったから、同案の表決を前に、国府の代表はこれ以上総会の審議に参加しないことを宣言し、議場から退場した。その後、アルバニア決議案は、賛成七十六、反対三十五、棄権十七、欠席三の大差で可決され、国連における〝China（チャイナ）〟の代表権は国府から中共に移った。

すでに、一九七一年六月二十五日の国家安全会議で、蔣介石は「わが国の立場と国民の精神」と題する訓示を発表し、「国家民族の前途に対し、われわれは自主独立の既定原則をもっている。大陸光復はわれわれが奮闘堅持する第一目標であり、断じてその他の第二義的問題のためにこの第一目標を中共に利用されてはならない」、「われわれは反共の信念を保持し、また反共の勇気を堅持し、自由と正義【図11】への奮闘を続けなければならない。国家の運命はわれわれ自身の手中にあり、世界の安危もまたわれわれの手中に握られている」として、将来的に国連の代表権を失うことがあっても動揺しないよう国

【図11】台湾が国連から追放される前年の1970年に発行した国連創設25周年の記念切手には、国連旗と青天白日旗、「和平・正義・進歩」の文言が入っている。

民に訴えていた。そして、十月二十五日、国連からの退場が正式に決まると、同日夜、「全国同胞に告ぐ書」を発表。「国内外同胞は一時的な局政の変化に惑わされることなく、正確な方向をしっかり把握し、誠心を込めて団結しなければならない。そうすれば、険悪な形勢の中でますます奮起することができるし、また、大陸同胞の救出、大陸の収復に奮闘を継続することができる」と激励した。

これが、〝荘敬自強　處變不驚（恭しく自らを強め、状況の変化に驚くことなかれ）〟と要約され、以後、国府の国家スローガンとなっていく【図12】。

【図12】荘敬自強のスローガンが大書された台湾の普通切手

総会の結果を受け、首相の佐藤栄作は「政府は、国連の決定を尊重し、中華人民共和国の国連参加を歓迎するものであります。政府のとった処置は国連で否決されましたが、結果的に見て、わが国の長期的な国益に沿うものであることを確信するものであります」、外務大臣の福田赳夫は「この決議案には敗れました、しかし、敗れたりといえども、私は、わが日本国は国際社会において信義を守り通した、また、筋を通し抜いた、このことにつきましては、国民各位にぜひとも誇りを持っていただきたいのだということを申し上げまして、お答えといたします。」と国会で答弁したが、野党とメディアは佐藤内閣の〝失策〟を盛大に批判した。

アルバニア決議案採決後の一九七一年十一月、東京都知事の美濃部亮吉が訪中して周恩来と会談したが、その際、自民党幹事長で親台湾派とみられていた保利茂(ほりしげる)は密書を託し、①〝中国〟はひとつである、②中華人民共和国が中国を代表する政府である、③台湾は中国国民の領土である、としたうえで、保利がみずから訪中して両国政府間の話し合いを進めたいと周恩来に訴えた。しかし、わずか一月ほど前にアルバニア決議案反対の急先鋒だった自民党親台派の言を周恩来は「まやかしで信用できない」と一蹴。密書の受け取りを正式に拒否した。

この一件は、もはや自民党内でも親中派と親台派との力関係が逆転していること、それにもかかわらず、佐藤政権下での中共との関係改善はきわめて困難であることを浮き彫りにするものであった。

それでも、一九七二年一月の施政方針演説で、佐藤は「中国は一つであるという認識のもとに、今後、中華人民共和国政府との関係の〝正常化〟のため、政府間の話し合いを始めることが急務である」として中共との国交樹立を目指す意向を示していたが、もはや、日本国内では同年五月の沖縄復帰を花道に佐藤が退陣し、後継内閣が日中国交〝正常化〟を実現するだろうというのが既定路線になっていた。

一方、経済界は、すでに一九七〇年四月に〝周四(しゅうよん)条件(じょうけん)〟が示されて以来、国府との断絶を迫られており、多くの企業はそれを受け入れていた。

周四条件とは、一九七〇年四月十九日、松村謙三を代表団とする訪中団に対して周恩来が示した覚書で、五月二日、中国輸出商品交易会の呉曙東(ごしょとう)副秘書長により、広州交易会に参加する日本の商社、企業に伝達・説明された。

周四条件では、①蔣介石一味の大陸反攻を援助し、朴正熙(パクチョンヒ)集団の朝鮮民主主義共和国に対する侵犯を援助するメーカー、商社、②台湾と南朝鮮に多額の資本投下を行っているメーカー、商社、③米帝国主義のヴェトナム、ラオス、カンボジア侵略に兵器弾薬を提供している企業、④日本にある米日合弁企業及び米国の子会社、とは貿易交流を行わないとするもので、一九六九年十一月の佐藤・ニクソン共同声明での韓国条項や台湾条項に対抗するのがもともとの目的だった。しかし、当時、日中貿易に従事していた〝友好商社〟〝友好企業〟の多くはこれを即座に受け入れたため、経済界では国交〝正常化〟支持の空気が共有されていった。

こうした背景があったため、ニクソン・ショックの米中接近を見るや、一九七一年九月には佐伯勇を中心とする関西財界訪中団が、同年十一月には永野重雄（日本商工会議所会頭）と木川田一隆（経済同友会代表幹事）を中心とする東京財界訪中団が相次いで訪中し、北京の人民大会堂で周恩来と会談。周は長野に「これで日中関係は完全に修復した。我々は今後いかなる日本人も歓迎する」と述べている。

ニクソン訪中とその余波

一九七二年二月二十一日、前年七月の発表通り、ニクソン大統領夫妻が北京を訪問した。

北京到着後、ニクソンは毛沢東と儀礼的な会談を行い、晩餐会に参加。翌日からは全体会合を除き五回に渡って周恩来と会談した。その主要なテーマは台湾問題で、他にヴェトナムを含むインドシナ情勢、米中国交樹立、ソ連、日本及び日米同盟、朝鮮半島、インド・パキスタン問題など多岐にわたっていたが、前年十月にキッシンジャーが訪中し、念入りな事前協議を行っていたため、最終日の二月二十八日には上海で米中共同コミュニケ（上海コミュニケ）が発表

毛沢東主席と握手するニクソン大統領
（U.S. National Archives and Records Administration）

され、両国はそれまでの敵対関係に終止符をうち、国交樹立に向けて関係の緊密化に務めることが謳われた。

米国は、国府を〃中国〃の正統政府として、中共政府を認めないという立場を取っていたが、ニクソンは、①中華人民共和国を唯一合法の政府として認め、台湾の地位は未定であることは今後表明しない、②台湾独立を支持しない、③日本が台湾へ進出することがないようにする、④台湾問題を平和的に解決して台湾の大陸への武力奪還を支持しない、⑤中華人民共和国との関係〃正常化〃を求める、との「台湾に関しての五原則」を提示して、台湾から段階的に撤退することを約束した。

一方、中共も米台防衛条約については言及しない立場をとったが、米軍の全面撤退を最終目標とするという言質をニクソンから獲得したことで妥協が成立した。

正規の国交樹立こそ先送りになったものの、米中が和解したことで、ソ連も対米関係の改善に動かざるを得なくなった。こうした空気を利用して、一九七二年五月、ニクソンは米国大統領として初めてソ連を訪問し、ＳＡＬＴ１（第一次戦略兵器制限協定）【図13／次ページ】とＡＢＭ（弾道弾迎撃ミサイル）条約を結び、緊張緩和を進めた。

このうち、ＳＡＬＴ１は、米ソ間で行われた核兵器運搬手段に関しての制限交渉で、一九六九年からヘルシンキで交渉が開始され、一九七二年五月、モスクワで調印が行われた。これにより、米国のミサイル保有数はＩＣＢＭが一〇〇〇基、ＳＬＢＭが七一〇基、ソ連の保有数はＩＣＢＭが一四一〇基、ＳＬＢＭが九五〇基に制限されたが、核弾頭のＭＩＲＶ（ひとつの弾道ミサイルに複数の核弾頭を装備し、それぞれが違う目標に攻撃ができる搭載方式）化やその数量などに対する制限はなかったので、両国は引き続き、それらを制限するＳＡＬＴ２の交渉に入った。

【図13】フィンランド発行「SALT 1」の記念切手。右：1970年発行／上：1972年発行

会議の開催地となったフィンランドは、一九七〇年十一月二日と一九七二年六月二日にＳＡＬＴ交渉の記念切手を発行したが、米中接近以前のＳＡＬＴ交渉は膠着状態に陥っており、早期の妥結は見込めない状況だったため、フィンランド郵政は一九七二年六月にも交渉の記念切手を発行すべく準備を進めていた。ところが、国際関係の変化により、同年五月、交渉は急転直下で妥結。現実が切手を追い越すという事態になっている。

米中の和解によって重要な支援者を失うことを恐れた北ヴェトナムは、一九七二年春に南ヴェトナムにおいて一大軍事攻勢を展開し、サイゴン政権に大きな打撃を与えて有利な停戦条件を引き出そうとした。そして、一九七二年三月末に発動されたこの大攻勢により、北ヴェトナムはクアンチ省の省都クアンチを陥落させたほか、フエをも陥落させている。

これに対して、米国はB52戦略爆撃機を総動員した大規模な北爆を再開し、サイゴン政権の軍事的崩壊を何とか食い止めようとした。すでに、対米関係の改善に動き出していた中ソ両国も戦争の早期解決を望む立場から、米国の北爆を事実上容認した。北ヴェトナムは「溺れる強盗に浮き輪を投げるようなもの」と中ソ両国を非難したが、米中ソ三大国の意向が明らかな以上、最早打つ手はなかった。

もちろん、すでに戦線は完全に膠着状態となっており、米国にも停戦以外の選択肢が残されていないことは明らかだった。

【図14】パリでの和平協定調印２周年を記念して発行された北ヴェトナムの記念切手

こうして、一九七三年一月二十七日、米国、南北ヴェトナム、解放戦線の四者がパリで和平協定に調印【図14】。同年三月末には米軍最後の部隊がヴェトナムを撤退する。さらに、同年八月には、米空軍機のカンボジア爆撃も終了し、インドシナにおける米軍の軍事活動は終了した。

ニクソンは一九七二年の大統領選挙で再選を果たすが、彼が一九六九年に一期目の就任式を行った時と比べると、一九七三年に始まる二期目の任期は、米国を取り巻く国際環境は劇的に改善されていた。米国は中ソ両国と良好な関係を築くことで、中ソにとっても米国は不可欠な存在となる三極構造ができあがったからである。

こうして、国際環境が激変する中で、いよいよ田中角栄が首相の椅子を手中にする。

（以下、第二巻に続く）

郵便×歴史
シリーズⅠ

現代日中関係史 ─切手・郵便に秘められた軌跡─ 第1部 1945-1972

2022年11月20日　第１版第１刷発行

発　　行・株式会社 日本郵趣出版
〒171-0031　東京都豊島区目白1-4-23
切手の博物館４階
TEL. 03-5951-3416（編集部直通）

発 売 元・株式会社 郵趣サービス社
〒168-8081　東京都杉並区上高井戸3-1-9
TEL. 03-3304-0111（代表）
FAX. 03-3304-1770
http://www.stamaga.net/

図版・資料協力
朝日新聞社／沖縄タイムス社／共同通信社／時事通信社／フォト・ライブラリー／毎日新聞社／PPS通信社
沖縄県公文書館／国立国会図書館／内閣府広報室
ブログ・蔵書目録／日本女子大学成瀬記念館
Digital Library Collections／Film Language／Mohamed ajjani／National Archives, USA／Readers.net／RIA Novosti archive／United States Office of War Information／US military Photograph
U.S. National Archives and Records Administration

制　　作・株式会社 日本郵趣出版
〒171-0031　東京都豊島区目白1-4-23
TEL.　03-5951-3416（編集部直通）
編　　集　松永靖子
装　　丁　三浦久美子
印　　刷・シナノ印刷 株式会社

ISBN 978-4-88963-866-0　Printed in Japan
2022年（令和４年）９月26日　郵模第2989号

■本書についてのご連絡先
▶本書の販売については…〒168-8081（専用郵便番号）
（株）郵趣サービス社　業務部
TEL. 03-3304-0111　FAX. 03-3304-5318
〔ご注文〕http://www.stamaga.net/
〔お問い合わせ〕email@yushu.co.jp
▶内容については…〒171-0031　東京都豊島区目白1−4−23
（株）日本郵趣出版　カタログ書籍編集部
TEL. 03-5951-3416　FAX. 03-5951-3327
Eメール　jpp@yushu.or.jp
＊個別のお返事が差し上げられない場合もあります。ご了承ください。

著者プロフィール　**内藤 陽介**（ないとう ようすけ）

▲著者：中国・武漢にて

1967年、東京都生まれ。東京大学文学部卒業。郵便学者。ノンフィクション作家。日本文藝家協会会員。文化放送「おはよう寺ちゃん」レギュラーコメンテーター。国際郵趣連盟およびアジア郵趣連盟審査員。「東京五輪の郵便学」で、第16回河上肇賞受賞。切手等の郵便資料から国家や地域の在り方を読み解く「郵便学」を提唱し、研究・著作活動を続けている。

主な著書　「解説・戦後記念切手」（全７巻＋別冊）日本郵趣出版 2001〜09年／「年賀状の戦後史」角川oneテーマ新書2011年／「朝鮮戦争」えにし書房 2014年／「日の本切手 美女かるた」日本郵趣出版 2015年／「英国郵便史 ペニーブラック物語」日本郵趣出版 2015年／「パレスチナ現代史 岩のドームの郵便学」えにし書房 2017年／「アウシュヴィッツからの手紙 改訂増補版」えにし書房 2019年／「チェ・ゲバラとキューバ革命」えにし書房 2019年／「日本人に忘れられたガダルカナル島の近現代史」扶桑社 2020年／「日韓基本条約」えにし書房 2020年／「世界はいつでも不安定」ワニブックス 2021年／「アフガニスタン現代史」えにし書房 2022年／「本当は恐ろしい！ こわい切手 心霊から血塗られた歴史まで」ビジネス社 2022年など

■主要参考文献については、第２部（2023年３月刊行予定）の巻末にまとめて掲載しますので、ご了承ください。

「現代日中関係史」
─切手・郵便に秘められた軌跡─
第２部　1972-2022
（2023年3月刊行予定）

第２部では、1972年の日中国交正常化から、シルクロードブーム、天安門事件、領土問題、北京五輪…そして国交正常化50年を迎えた“日中関係の現在”を解説していきます。乞うご期待！